我就是这么任性

毛路 等◎著

中国言实出版社

图书在版编目（CIP）数据

我就是这么任性 / 毛路著. -- 北京 : 中国言实出版社, 2015.5

ISBN 978-7-5171-1258-7

Ⅰ. ①我… Ⅱ. ①毛… Ⅲ. ①女性－成功心理－通俗读物 Ⅳ. ①B848.4-49

中国版本图书馆CIP数据核字(2015)第069861号

责任编辑：陈昌财

出版发行　中国言实出版社

地　址：北京市朝阳区北苑路180号加利大厦5号楼105室

邮　编：100101

编辑部：北京市西城区百万庄路甲16号五层

邮　编：100037

电　话：64924853（总编室）　64924716（发行部）

网　址：www.zgyscbs.cn

E-mail：yanshicbs@126.com

经　销　新华书店

印　刷　北京雷杰印刷有限公司

版　次　2015年6月第1版　　2015年6月第1次印刷

规　格　787毫米×1092毫米　1/32　　6.625印张

字　数　122千字

定　价　28.00元　ISBN 978-7-5171-1258-7

目录

ONE

TWO

one

我什么都不怕，
只怕失去最真实的自己

两个无聊的人

/滕洋

我第一次见邓等，觉得这姑娘脾气不好。

那是我的第一节手语课，我迟到了很久，赶到时上午的课已经结束了。教室里只剩一个女孩在同老师争论。

我推开门，正好听见女孩大声说：“如果我一定要这样呢？”

老师背对着我，对女孩比画了什么。

接着，我看到女孩竖起中指放在面前对老师晃了晃。我完全看呆了，这姑娘真粗鲁。

老师耸耸肩，离开了，经过我时点了点头。那女孩像没事人一样整理了课桌上的东西，拿起包也往外走。

我想到自己还没有课表，想叫住她：“同学，下午几点上课？”

她理都没理我，头也不回地离开。看来，这姑娘粗鲁中还带着冷漠。

我只能在教室等着下午的课，在我不知道的几点突然开始。闲极无聊，我翻看了所有人放在桌上的书上写的名字，好吧，我承认我是想以了解所有人的名字，掩饰我只想知道刚才那个不睬我的姑娘的名字。

长这么大，很少有姑娘不理我：论外表，我可能长得有点帅，我认识的所有姑娘，都对我表达了我“笑起来有一点小坏”的观点。技巧很简单，就是不笑那么多，只笑一点点，我一般只笑左边嘴角，看起来就有点言情小说的“邪魅狂狷”、文艺小说的“他笑得像整个星空”什么的。论内在，有钱是我的核心竞争力。就是我这样一款可以比作莫奈纯金画的内外兼修男青年，谁会不喜欢。但偏偏就是有这么个头昂到天上去的姑娘居然不理我，我对她产生了好奇。

以上，都是胡扯。

我对邓等好奇的原因根本不是你们以为的那样，因为她不理我，让我对这个高贵冷艳的妇女产生了极强的征服欲。而是，她有一种没什么进攻性的漂亮。比如，黑夜里的煤油灯，沙漠里的半瓶水，饿鬼眼中的隔夜饭。虽然不足以摄人心魄，但也足够让人垂涎。

我翻开她的书，看到她名字的时候，邓等回来了，手里拿着一杯黑咖啡，大声问我干什么。我说，我来晚了，看看上午都讲了些什么。邓等没说话，径自走到自己的位子上坐下，手里那杯咖啡明明都只剩冰块了，她还是努力吸溜吸溜地喝着。

我看她没有继续对话的意思，主动在她旁边坐了下来，摆出我招牌式的笑，问她："上午讲了些什么？"

她侧脸看着我："什么？"

"对，什么？"

她还是侧脸看着我，转移话题："同学，你笑得有点奇怪，有时间去医院看看，可能是面部神经瘫痪导致半边脸笑，半边脸不笑。"然后低头翻书，戴上耳机，一气呵成。

这姑娘不但粗鲁、冷漠，还特别烦人。但我才不会主动离开让她觉得我是个挨了撅的猥琐搭讪男，我坐在她旁边，看着她，相信我这种威严的目光可以逼迫她对自己没礼貌的行为做出解释。

邓等最终败下阵来，她摘下耳机，无力地看着我，指指自己的耳朵："不是我不想跟你聊天，我聋的，你跟我说话只会让我很尴尬。"

现在，换我尴尬了。我好像有一点明白，她一开始对我的置若罔闻、大声呵斥、答非所问、喝咖啡像个粗鲁的抠脚大汉——她听不见。

我的笑容僵在脸上，丢人又不想输阵，只好继续这么笑着，主动握了握她因为拿冰咖啡而变得潮湿冰冷的手："对不起……我学手语，就是……为了了解残疾人。”

实际上，鬼才信。在此之前，我压根没想过这个班上会有真的聋人，我也没想过要做手语翻译。我就是你们见过的那种会因为无聊在超市里捏方便面的人，虽然，我没那么低级。我不捏方便面，我上职业培训课：车床、电气焊、厨师面点、制冷设备维修、热力司炉、有害生物防治、手语翻译……

从二十岁到现在，我参加过的职业培训多得连我自己都忘了，只有年终盘点考的无数资格证时，才会重新回顾一下。它们无一例外，没有成为我的职业。因为我从出生就已被理所当然认为要接我爸的班，生产远销海内外的吸管。

我的小伙伴里，有打火机界青年才俊，纽扣界中流砥柱，他们叫我吸管——虽然他们知道我大名叫方天戟，他们还是执意喊我吸管。他们活得都很开心，只有我觉得自己像住在动物园里，既然人生而平等，我为什么不能像其他人一样选择自己的人生呢？

这种傻问题，在我青春期萌动开始喜欢姑娘之后，就没再困扰过我，因为我发现，虽然是同一个人，但作为“吸管小开”的那个我，似乎比作为“方天戟”的那个我多10厘米隐形身高、六块隐形腹肌、帅哭吴彦祖的隐形英俊。总之，市场表现力更突出。综上，我就可耻地不再挣扎了，钱真是个糟糕的东西啊，它让圣洁的灵魂为之沦陷。除了，我还是时常感到无聊。

我大声对邓等说："我唐突了，我以为这个班都是正常人。"

"我看起来不正常吗？"邓等大声回答，旋即意识到自己没必要那么大声，她还是侧着脸，指了指微微偏向我的右耳，"这只能听见一点点。"

本来对话应该就停在这里，因我从未试过吼着跟姑娘搭讪，邓等似乎也不想被搭讪。那天后来发生的事，我想，可能是因为我上了太多职教班却还没有学到一些什么，上天对我这个差生的念念不忘，终想要给一个参考答案吧。

放学的时候，下雨了，我把车从停车场开出来时，发现没带伞的邓等百无聊赖地在学校门口边等雨停，边扒拉镇宅石狮子嘴里的石球。

我摇下车窗，隔着淅淅沥沥的雨幕，大声招呼她上车。

邓等也没推托，直接上了车："谢谢。"

我大喊"不用谢"，邓等说"什么"，我再增大几个分贝大喊"不用谢"……光是这一声寒暄，我跟她就纠缠了一个红灯的时间。终于搞清楚彼此的意图，我们默契地没有再挑起新的话题。漫长的沉默中，只有雨和发动机的嗡嗡声。我下意识地想，跟这样一个姑娘谈恋爱得多么费嗓子啊，所有情话最终都变成喧哗。

上海的交通并没有因为下雨受到多大影响，延安高架上的车井然有序。邓等沉默地看了车流好久，忽然说："这路真好。"

我大声附和："是啊。"

她接着说："国内大部分城市的路都不错。"

我点头，不明白一个耳背的姑娘为什么会对路况感兴趣。

她继续说："你知道我怎么聋的吗？"

我很好奇，却审慎地掩藏了自己的好奇。但邓等还是讲了下去，她在学手语之前，就是翻译了。只不过，做的是另一种形式——法语同声传译。十年间，全国考到同声传译资格的不超过100个人，邓等是其中之一。

一年前，邓等在苏丹跟一个项目。那天是个看起来什么都不会发生的周末，邓等跟司机开车去工地。黑人司机很健谈，一边在土路上风驰电掣，一边不断追问邓等钥匙上各种小配饰的作用。毫无预兆的，一颗炸弹在两人乘坐的车附近爆炸了……他们遇到武装分子和政府武装的交火。

我脑中旋即浮现悲情画面：震耳欲聋的爆炸声中，巨大气流掀翻了车子，邓等在火光中昏倒在车内，血慢慢地从她耳中流出。

我问邓等是不是这样，她一脸纠结地看了我好半天，告诉我实情。我以为的打仗是电影里那种红天血河，可邓等经历的那次交火不过是土炮互射，炸弹在土路上炸出几个浅坑，农村结婚放二踢脚的威力没准都要大一些。

可好死不死，她当时正在给那个好奇宝宝托生的司机演示她那个多功能刀的挖耳勺功能，车从弹坑上颠过去的瞬间，邓等把自己左耳的鼓膜戳破了，等她辗转回国医治的时候，耳朵早已感染……

她在战火中掏聋了耳朵。我其实挺想笑的，但又觉得自己挺牲口的，一个靠听说吃饭的人，忽然不让她听了，这种事情大概只有体育题材的电影里才经常出现吧。

不过我忽然想到这里面似乎有点不对：“那你右边耳朵又是怎么回事！”

邓等没有说话，我从后视镜里打量她的脸，天已经黑了，窗外霓虹、车灯的光影在她脸上穿梭，看不出是什么表情。

她说：“右耳很小的时候就不太好，几乎听不见什么声音，我高考就是为争口气才学了语言，又靠左耳考到了证，当了那么多年的传奇，现在……”

命运真是黑色幽默段子手，我也不知道该安慰邓等什么了，在她面前我哪好意思卖弄自己的挫折呢？不过是一个闲极无聊的人吃饱了撑的，小蝌蚪找妈妈一样地要找理想。

那天之后，我跟邓等自然而然成了同桌。我们保持着周六见面上一天课，她中午请我喝咖啡，我晚上顺便送她回家的习惯。渐渐地，没有课时，我也会叫她出来一起无聊。比如，随便搭上最先驶来的公交车，去商店用比价软件把所有条码扫一遍，赌下一个经过我们的人穿什么颜色的衣服……一个寻找人生意义的人和一个失去人生意义的人比着无聊，最终，我以发明了“抛硬币看谁的先立起来”的游戏，胜出。因为失去人生意义的邓等，总是想不到原来做人真的可以这么无聊。

邓等有天生的语言天赋，不出一个月就成了班里的模范学生，每次老师请聋人来交流，她都充当我这种半吊子学生的翻译。我学得不好，但也很快弄懂了，我刚遇到邓等的那天，她对老师比的中指根本不是什么粗鲁手势：

中指放在唇上，是手语称谓中代表“哥哥姐姐”的顺序。小指放唇上，则代表“弟弟妹妹”的顺序。摸耳朵代表女孩，在耳边挥手代表男孩。所以中指加摸耳朵代表姐姐，小指加挥手代表弟弟……如果完整做完“兄弟姐妹”这个词，需要八个动作。邓等那时是在问老师，能不能简化为四个动作，老师则回答了她可以。只不过，那是我上午错过的半节课的内容，我才龌龊地误会了。

我告诉邓等，我当初对她有“粗鲁冷漠烦人”的印象。邓等无所谓地用手语给我打了一串话，我没看懂。

她解释：“想了解一个人不要听他说了什么，要看他做了什么。”

我说，只看懂了她打的单词，连起来完全不懂。邓等认定我最后肯定考不到证，并自嘲自己天生是做聋人的料。她这样惨烈的自嘲，我又不知如何接下去了。

让邓等说中了，我最后真的没有考过，这是我职业培训史上唯一的惨败，拥有钳工、数控车床、挖掘机等诸多证书的我，终于还是败给了手语。

考试结束那天，我照例送邓等回家，上海的路照例像我第一天送她那样好，好得照例十分钟就抵达目的地，好得让人讨厌。

邓等跟我道别，下车，我想叫住她，可偏偏她是一个耳背的姑娘。透过后视镜，她已穿过一群广场舞阿姨向我招手。我跳下车，向她大喊："邓等，等等！"

嘈杂的音乐，让她听不到我的声音，读唇以为我在叫她的名字，还开心地回应我："方天戟，方天戟！"

我只好隔着一群热舞的阿姨，用磕磕绊绊的手语问她：我爸要谈一个法国的分销商，能不能帮我做翻译。她摇头，指指自己的耳朵。我补充，分销商是个聋人，让她来翻译手语。她说，手语也有方言，她又不懂法国手语，让我别编故事了，问我到底想说什么。

热舞的阿姨们没见过手语隔空喊话，一时间都停了舞步，左右看齐一样两边转着头看我们俩对话。

我说："邓等，我喜欢你。"

其实我真正想说的是比较委婉的"邓等你长得像我未来女朋友"，但这个句子太复杂，我不会打。原来人在被迫用一门不熟悉的语言表达时，才会直面自己的内心。我们很多时候，被自己的委婉、掩饰遮蔽了内心。邓等说得对，想了解一个人，不要看他说什么，要看他做什么。

邓等摇头，她打了一大段话给我。手指翻飞，我费力地读着，读不懂却已了解对方的意思：她压根就没想让我读懂，也无须懂。这串动作的意义叫"拒绝"。

那天之后，我再也没有见过邓等，倒是收到了她一封信，把她那天的话原文翻译如下：我不想恋爱并不是针对你，而是因为自己。我从未有任何一个时候像现在这样，找不到人生的意义，我在自己内心的绝境里，除了想找到出口外，没有其他欲望。别急着反驳我，假设你落难沙漠、森林、海洋、星空，身边纵有美人陪伴，你唯一想要的也是生存而非爱情。

我很难过，邓等这个骗子，手语中级的词汇，她初级就学了算什么意思！

我再也没有去上过任何职训班了，我知道我不会碰见学氩弧焊的邓等、会汽修的邓等……我终于还是接了我爸的班，他说你去一线先实习吧。但不到一个月，他开得了卸货车、操作得了机床，还会钩毛线帽子的儿子就被赶了出来。他们说我不需要实习，因为我什么都会。我爸说，那你进管理层吧。我说，我不想干这个，我想做电子耳蜗。他说那玩意能赚多少钱？我说，你知道中国残疾人中聋人比例是各类残疾之首吗，耳聋是最常见的出生缺陷……我讲了一堆数字，我爸听后十分感动，但还是拒绝了我想要转投电子产品的要求。最后我说，那我跟你断绝关系。他说，投电子耳蜗需要多少钱？

一年以后，我当然没有投资研发出国内领先的电子耳蜗，但我也再没感到过无聊，这个世界上有太多事需要太多人去做，根本没空无聊。我甚至，没什么时间休息。最近一次进电影院，是等旁边医院耳鼻喉专家下手术台的间隙，我买了一张票，想进去补个觉。

没想到，那部电影我看完了。电影里有一小段手语，全场人都因为那个幽默的段落在笑。我笑完，却又想起邓等，邓等打手语时动作表情总是很夸张，她却总觉得不够夸张。她觉得自己的身体像被禁锢在一个说不出、听不见的单人牢笼里，必须要比比画画冲破一些什么，才能被了解。

电影散场后，我坐了很久才缓过来，起身离开时，有人从背后拍了我的肩膀。

我转身，邓等站在我身后。我还没开口，她率先制止我："不用那么大声，我现在学会读唇了。"

她不问好，也不寒暄，说话的方式像从没离开过。

她已能很好地控制自己说话的分贝，她说："方天载，你面瘫治过了吗？"

我笑了，左右嘴角一起牵动。从她走后，我再也没有故作过什么姿态。

她赞许地点头："康复得不错。"

我打手语问她，我们这是巧合遇见吗？

她只说："在门口遇见你，就跟进来一起看电影。"

我问："你人生的意义找到了吗？"

她说："现在活得很开心。"

我说："你还是单身吗？"

她说："不想耽误别人。"

我忽然想起当时邓等跟我说过的那句话："想了解一个人，不要听他说了什么，要看他做了什么。"

我真是太傻了，如果一个女孩在她人生最无助的时候，还愿意陪我一起做那么多无聊的事儿，我干吗要纠结于她的拒绝呢。

我说："你长得像我未来女朋友。"

她笑了："你手语进步很快。"

我说："我一直在练习，我怕再遇见你，还是不知如何表达。"

杨大姐

/ 杨葵

去年几个朋友合伙儿做善事，修缮京郊的一座古庙。为此招了几个工作人员，有看院子的，有管账的，有养花种草的，还有做饭的。

做饭的是位老大姐，姓杨，梳两根大辫子，已经有些花白。说话底气足，声若洪钟，步伐铿锵有力，完全不像一个快六十岁的人。

杨大姐是朋友介绍来的，来前通电话，我说这边属于公益性质的事，所以薪水微薄，请她好好考虑。电话那头干净利落脆的一口纯正京腔：不是个庙嘛！我喜欢！我就喜欢庙！明儿你在么？我几点到合适？

第二天下雨，早早跑到庙里等杨大姐。下午四点了还没信儿。正琢磨着因为下雨，可能人家计划有变，人到了。甫一见面，全无初次相见的尴尬，杨大姐像老朋友一样说："雨还真大，我从房山过来的，路远啊，等急了吧？"

杨大姐随身带个小包袱，随便一搁就要求带她在庙里转一圈："熟悉熟悉情况，尽快投入工作。"我说不急，您先瞧瞧，满意了再来。杨大姐两眼一瞪，愕然的样子："什么意思？你不是找我来做饭么，怕我做得不好吃啊？我之前在房山也是跟庙里做饭，人吃人夸，不信你打听去。"我赶紧说，不是那意思，是要看您愿不愿意。杨大姐说："没见我包袱都带来了！这么着，你先带我转一圈，回来我就做晚饭，反正也到点儿了，你吃吃看，要行，就给我安排个床，打今儿起我就住这儿。"

在庙里转悠时，杨大姐不停赞叹：好地方啊，清净啊，太喜欢了。转到后院，我指着一座塔说，史书记载这是华严宗某祖师塔。话音未落杨大姐猛扑上前，咕咚就跪那儿磕了仨响头。站起身来，膝盖上两摊大水印。雨还没停呢。

那天晚上杨大姐做了面筋青菜汤，炒了个蘑菇，外加一盘红烧豆腐，我们几人吃得碗净碟光，啧啧赞叹，心想难怪杨大姐那么自信。

我不常去庙里，偶尔去，甭管啥时候，都见杨大姐在忙乎，有时在厨房，有时在院里拣石子儿，归整草坪，给各种树修枝剪叶，一刻不闲。见了我必迎上来打招呼，若是逢上饭点儿就会问：吃了么？后院有种的小青菜，揪两颗给你下碗面？

一天傍晚，杨大姐手里择着菜，和我坐在院里聊天。话赶话儿地聊起她的家世。地道北京人，一辈子心对口、口对心地活着，一件自私自利的事没做过。以前在个工厂上班，经济大潮来了，厂子倒闭了，她就到房山一座庙里做饭，既是为稻粱谋，也圆了自己的梦。她吃斋念佛几十年了。杨大姐总结自己，唯一毛病是脾气不好。之所以如此，她说因为自己是个老姑娘，一辈子未嫁。从小梳辫子，从未改过发型。说到这里，一向泼辣大器的她，一反常态突然娇羞起来，“老姑娘都会有点脾气，您别见怪。多亏天天念佛，天天吃素，要不脾气更大了。”

冬天头场雪后，杨大姐找我，简洁明快地说，侄儿媳妇要生小孩，让她去伺候月子，要离开我们了。说完又多解释了一句：我特喜欢你们这群人，特喜欢这地方，可是岁数大了，得为将来考虑，自己没孩子，真得指望这侄子啊……言至此处，杨大姐突然沉默。

杨大姐又带着来时带的那个小包袱走了。送她的人说，临行前她到庙里各个殿磕了三个头。

我还是选择留在了这里

/ 残小雪

春节如果选择回家，不得不把生活模式调节到十八岁之前的状态。

我们在北京，频繁地调整着朋友圈子、换工作、搬家、买新衣服、恋爱和分手，每一天的日子都有可能变换出好几个花样。而故乡的人们却依旧习惯了过着复制粘贴每一天的生活。父母关注一日三餐，家里的摆设依旧，老同学们不出意外地和过去恋爱的对象登记结婚，人们见面打招呼的时候还会问你准备什么时候回来。

他们说这里才是家，他们说自己在外面活着太累。

我们在看似闪着光的北上广忙不迭地成长，家人们悄无声息地垂垂老去。

沙发和电视机从不说话，可时光从上面偷偷跑得那么快啊。

哥哥说如果他能养着我，绝不愿意我一个女孩子独自在北京活得这么辛苦。

一起喝了酒的晚上，听完这话眼泪止不住地流。好像这些年压抑住的辛酸片段突然从眼前原景重现，一下一个鼓点地敲在泪腺上，混着烟草酒精的味道，欢腾舞蹈。

我看见从长途巴士上拖下来的四个行李箱，因为不舍得打车走去公交车站，请求售票员多等一会儿我把箱子一个一个地搬上车子。把行李暂放在同学住处。三个男生住在一个不到6平方米的隔断间中，放下行李几乎无法进入。租住一个手机没有信号的地下室，晚上到附近网吧上网，好心的网友帮忙提供租房信息。

我看见一次匆忙搬家当中接到老板电话，要完成其他同事周末借故不愿完成的工作内容，让已经抵达的搬家师傅多等几个小时。

我看见凌晨三点在家里一边吵架一边在改方案的自己，完成工作愤然离家，走在吹着冷风的街上觉得世界上不会有人理解我了。

我看见被二房东放了鸽子，面对着满房间，已经打包好的行李，却无处可去的手足无措的自己。

一次又一次逼迫自己从看似无尽的深渊中爬出来，才发现那并不是什么过不去的坎儿。

春节前在游泳馆学习游泳，在完全能淹没我的深水区里几经挣扎，终于掌握。那时候告诉自己，你必须游起来啊，否则就是沉下去。

在面对困境的时候，谁又何尝不是这么告诫自己，你必须走过去啊，否则故事就结束了。

假期里和高中时期的同学们聚会，各自大学毕业后都离开了青岛，过着迥然不同的人生，奋斗在职场，钻研学术，或者从一个男人身边换到另一个男人身边。

回家路上路过青岛市图书馆，我突然就想起十八岁的自己，每个周末早早起床，在没开门的图书馆外等待，人群拥挤，开门之后座位被迅速占光。做厚厚的习题集，把不明白的地方记录下来，中午就餐时间背着单词简单吃几口苏打饼干。傍晚时分有大学生家教来家里上课，匆匆返回整理题目。

那个时候没有任何杂念，没有令人放不下手的社交媒体，没有一想起就叹气的烦恼，除却睡眠时间像个上了发条就要朝前跑的机器人一样孤注一掷。

原来年轻时梦想可以有这么大的力量。那时的我想要抵达北京，带着全部的力量。

后来我终于来了。那么下一站呢。

春节的时候一直和妈妈在厨房里准备菜肴，我知道她多希望每一天都能变成这个样子。厨房里有我喜欢的碎花围裙和功能齐全的大烤箱；常年空置的大卧室里有我最喜欢的美式家具和漂亮窗帘，有我最憧憬的宽敞飘窗和能看到大海的风景，有我从小到大一直想得到的复古梳妆台。

这一切每年真正属于我的时间不超过十天，像一个我随时可以实现却永远都抵达不了的梦。

而我却放弃了它，跌跌撞撞地活在拥挤的北京。每天在塞得满满的旧衣柜前考虑今天要穿什么衣服，然后在所有人都显得多余的地铁和电梯里开始新的一天。忍受着随时一个电话就能毁掉约会和老友聚会的工作杂务，倚靠在虚情假意的感情旁边取暖。

可这里，有离梦想最近的地方。

而你我，像是扑火的飞蛾，挣扎并祈求光亮。

爱情的原罪

/ 林探惜

01

最近我妈在重温电视剧《大宅门》，我路过的时候也会跟着瞄一眼，顿时勾起不少童年回忆。

这部剧最开始热播的时候，我的年龄还只是个位数。年幼的我根本不懂什么官场规则、什么经营之道，唯独对一个叫杨九红的女人，印象极为深刻。

杨九红是济南窑子里的名妓，生得风华绝代，秉性温良贤惠，只是天生命比纸薄，年少时就被哥哥嫂子卖进了妓院里。后来她好不容易于风尘之中遇见一个顶天立地的大英雄，他为她劫马车，为她蹲大牢，让她飘荡不安的心终于有了着落。她从此认定他，跟定他。

后来她随他去了京城，却被他的母亲嫌弃出身拒于门外，她也认；她的亲生女儿被婆婆抢走，还被教育成了自己的仇人，她也忍。熬了几十年，熬到婆婆去世，她还保持着几分善念，还想亲手为婆婆缝制一套孝服，也算是以德报怨了。哪里知道，她那英明一世的婆婆，最后的一句遗言竟然是："不许杨九红戴孝。"

小时候我看电视只当是看热闹，看到后来杨九红变得刻薄恶毒，又是耍心机又是无理取闹，生生逼死温柔懦弱的槐花，便觉得气不打一处来。再看到伶牙俐齿的小丫头李香秀冒了出来，每每把杨九红斗得脸色灰败，我又总是觉得很痛快——这心情，就仿佛是当初读到《红楼梦》抄检大观园，看到三姑娘狠狠扇了王善保家的一耳光。

隔了十多年，再重新看这段故事，我的感受却是截然不同的了。

我说：杨九红实在是可怜。在这白景琦的四个老婆里，唯一的厉害角色就是年纪最小的香秀了，所以也只有香秀才拿得住他。

我妈说，这话说得不对，那杨九红难道不是个厉害角色？一个女人，四十多岁学了一口流利日语，穿山越岭替丈夫运送药材，与劫匪捉迷藏，与日军将领周旋，惊险万状出入山海关……这样的女人，难道还没本事？

是啊，杨九红也是个厉害角色，或许她的办事能力要比香秀更强。只不过，她却从来都拿不住白景琦。

或许错就错在，她始终爱白景琦比爱她自己多一点。

02

记得大二上现代文学课，老师跟我们讲鲁迅的《伤逝》。

老师说，在得到子君之前，涓生连远远听到她的脚步声都会心跳不已，可是当有情人终成眷属之后，涓生见到子君养的小鸡小狗就讨厌，听到子君一遍遍回忆起他求爱的过程就头大，甚至连子君每天叫他吃饭，他也只是觉得无比厌烦。他眼里的子君越来越胖，越来越不入眼，甚至他还会想，或许子君就是他一切霉运的来源，或许只要摆脱掉这个女人，他就可以过上舒适的生活。

我们老师说，女人永远都是这么傻，在爱上一个男人之后就会心甘情愿为他奉献所有，为他放下大小姐的矜贵，悉心照顾他的饮食起居。殊不知，男人这动物天生幼稚，他是因为被你吸引才会追求你，而不是看中你对他有多好。所以说，与其为他操心劳碌熬成一个黄脸婆，还不如多花点精力捯饬自己。

如果你爱一个人爱到没有了自己，那么你一定得不到他的珍惜。

03

我小时候看《情深深雨濛濛》，一直都很喜欢温柔善良的如萍，很讨厌浑身带刺的依萍。

我妈就嘲笑我：“你的性格就像极了依萍，怎么还好意思讨厌人家？”

我说，我就是不理解，明明如萍认识何书桓在先，明明如萍对何书桓比依萍对他好得多，为什么这男人像摔坏了脑子一样，偏要去找虐？

现在回头再想，我也明白了。且不论依萍如萍谁比较美，谁比较吸引人，单单从和心仪对象相处的方式上来说，这两个女人就早已分出了高下。如萍错就错在一开始就明摆着对他动了心，而依萍，却胜在始终保持着一股骄傲。赠品永远不如抢购来的商品讨喜，这个道理放在哪里都是一样。

而哪怕是像依萍这样稳操胜券，后来等她爱到失去理智之后，局势却悄然扭转了。书桓因为日记事件跟她分手，她越是苦苦哀求，越是绝食自残，越是自暴自弃，书桓分手的心就越是坚定。

当他爱你而你不爱他的时候，他决不敢轻举妄动。

而当他变得残忍，变得冷漠，变得骄傲自大横行霸道，其实只是因为，他吃定了你爱他比他爱你更多。

04

在偶像剧和言情小说里，都有这样的玛丽苏套路：女主角出身平庸一无所有，性格偏激，脾气差，长得还不漂亮，男主角偏偏像瞎了眼似的，抛下门当户对年貌相当的白富美不要，死皮赖脸地追在女主角后面跑。

这种情节其实不完全是来自作者的意淫，现实生活中，有时也有相似的案例。

昨天我在微博上看了个帖子，爆料说，一个在外留学的中产家庭的女孩，长得不过中人之姿，偏偏被一个家世显赫的官商后代追求。一开始她吃醋胡闹离家出走，那男的会焦急地开车出去找；后来那男的开始跟这女孩许诺婚姻，又是给她买名包名车，又是带她出入名流场所，女孩渐渐认定这男的是自己日后老公，便再也不作不闹了，凡事顺着他，吵架了还会主动认错。

哪知这个时候，那男的却玩腻了，没多久就找了个身材火辣的新欢，断然跟这女孩说分手。这女孩跪求复合无果，在学校堵截那男的几次都被无情拒绝，终于吞药自杀，好在最后还是抢救过来了。此事一出，顿时成了全校的热点八卦。

这个写帖子爆料的人，故意用老成的口吻总结了一段，说这男的心机重，巧妙地用金钱征服了这个女孩。而这女孩早已习惯了物质上的浮华，再也回不到普通生活，所以才无法接受分手的事实，以至于自杀。

长微博底下，一大片人都在数落那女孩太贪心太物质，一切都是咎由自取。

而我觉得，真正贪心物质的，根本不是这个女当事人，而是那个写帖子的人啊！因为这整件事，不从金钱物质的方面去理解，也完全说得通。

一开始她不够爱他，所以随时吵闹，生气了就不回头。富二代一面感到挫败，一面又享受这种新鲜刺激的挑战，所以愿意一次次出去追她哄她。后来男人用感情融化了女人的骄傲，用承诺蒙蔽了女人的理智，终于女人爱得如痴如醉了，男人却已经大功告成意兴阑珊了。

这跟什么经济差距身份悬殊根本没半毛钱关系，这个女人错就错在毫无保留地交出了百分之百的自己，所以才会被看不起。因为这个男人那保质期不长的承诺和柔情，她完全放弃了自己的骄傲，甘心成为他的附属品，连他当众轻蔑她，连他在外面寻花问柳，她也能咬牙忍下来。

试问，就连她自己都把自己踩进了尘埃里，别人又怎么会把她高高捧起？

偶像剧和少女言情里的玛丽苏恋爱模式，也是这个道理。英俊多金的公子哥儿，为了新鲜刺激，追求任何条件的对象都是有可能的，放弃温顺娇柔的白富美，也是有可能的。但内在的深浅，才是决定一段关系的根本。

你是因为他爱你，所以才会更爱他。可你不知道，有的时候，他之所以这么爱你，恰恰就是因为你的不爱他。

05

我在写一部小说的时候，塑造的女主角，是个刚烈骄傲的富商大小姐，而女二号则是一个温柔善良的没落贵族。她们喜欢的人，都是那位性格别扭的男主角，而喜欢他的方式，却是一个张扬一个内敛。

女主角偶尔听到男主角说了几句轻蔑自己的话，顿时心凉了半截，从此下定决心和此人划清界限，逐渐收回自己的心。而女二号，却为了保护这男主角，一次次舍身与恶势力对抗，尽管男主角永远都在误会她，她却兀自陶醉在自己的奉献之中。

我写着写着就在担心：怎么办啊，我这不是在犯依萍、如萍的错误吗？到时候故事写出来，肯定会有人骂我的女主角，也肯定会有人责问我，为什么不让男主角从了那位完美的女二号。

其实我自己回头去读，我也是喜欢这位女二号多一点，我也觉得男主角更应该跟女二号百年好合。

而实际上，无私奉献的女二号只是我们的理想状态，而敢爱敢恨的女主角，才应当是我们的现实状态。

我们在阅读文艺作品的时候，一定希望里面的爱情尽善尽美，希望主角都能够无私伟大。就像王晶的《大上海》一上映，豆瓣上清一色地对女二号阿宝喝彩，却对自私的女主角叶知秋颇不感冒。

但是在现实生活中，在没有观众、没有票房和掌声的每一步人生选择中，我们每个人，都应该率先保护好自己的尊严。

06

在当年震撼过我的《金枝欲孽》里，男主角孙白飏说过这样一段话：“孙某从来自命红粉丛中游刃有余，但最终只是一个大傻瓜。宁愿辜负天下红颜，亦去爱一个永远不会爱自己的人。”

当是时，敬他爱他的尔淳在他身后对他说：“这个道理，大人以为其他人会不明白，但尔淳不会。因为尔淳和大人在做同样的傻事。”

尔淳的真情告白，换来了一句“主子对下官的关怀，下官铭记于心”。而说完之后，孙白飏却仍要抛下痴心爱他的尔淳，仍要步入那危机四伏的宫殿，去找那个一次次算计他利用他的狠毒女人。

看着尔淳无助地站在原地默默哭泣，我又想起那个在灯下做针线的杨九红。

丫鬟劝她不用自己动手，因为到时候公中都会发放。她却一面耐心缝制着孝服，一面说道：“那可不一样，我得自己做，表表孝心嘛。她几十年不认我，我也几十年没尽过孝，甭管怎么说，她是景琦的妈，人都要走了，我就尽这回孝心吧。”

这个让她甘心忍辱负重的男人，却为了向母亲尽孝，亲手抢走了她的孩子。当她和丫鬟香秀拈酸吃醋语带讽刺的时候，也是这个男人站出来，无赖般地对她说：“香秀之所以敢跟我这么张狂，就因为我喜欢她！”

当你爱他爱到甘心为他屈尊俯就，你就已经输得干干净净了。

我舍友当年去党校学习，回来跟我说，整堂课让她印象最深的，是这样一句话：“如果你们要谈恋爱，你们就要记住，一段好的爱情，不是两个人的眼里只有对方，而是，两个人的眼睛，望着同一个地方。”

当然，我们不能为了稳操胜券，而去找一个自己不爱的人在一起。我们一定要和自己爱的人在一起，只不过，我们可以用一种更有营养的方式去付出自己的感情。一个人爱上另一个人，理由可以千奇百怪；但如果让一个人持久地爱另一个人，则一定是因为对方的身上有充分的吸引力，而绝非是因为对方为你做小伏低，对你千依百顺。

当你得到某件东西的时候，或许你凭借的仅仅是运气。但是，当你长久地拥有某件东西的时候，一定是你配得上它的时候。

而如何判断你什么时候才配得上它呢？

那就是，不管你能不能得到它，你都能过得很好的时候。

我们都是完好的样子

/冷莹

女人一点不作怪，多少是有点奇怪的。

我早些时候曾在广告公司工作过，那时候有个女同事叫解冰，就是我见过最不作的女人。她有一说一，有二说二，条理清晰。能不多嘴的事她绝不废话，想得通答案的事从来不爱深究。

她和她老公也很少有红脸的时候，解冰不像别的女人那么难伺候，很少有鸡毛蒜皮不爽的事情，实在有什么不爽，也就耿直地问了。

有次我和她逛街，我们亲眼看到她老公和一个女孩在西餐厅谈笑风生。一般女人见到这画面多少有些尴尬，要么转身气跑，待老公回家后来场暴风雨的洗礼；要么当场发飙给众人免费上演一出好戏，总之各种版本的琼瑶女主角和女英杰都有。我只见解冰，眼也不眨地大大方方走过去打个招呼，问她老公，这位是谁啊。她老公站起来，信手挽过她肩，也大大方方介绍，这是某公司负责人某某，这是我妻子。

一点小误会，就这么波澜不惊地化解了。

这也就是解冰，在情感里不肯装聋扮哑从不作死的解冰。一个女人理性自律到这个地步，简直是丧失天良的雌雄同体。

但公司里那几个曾和解冰一起在沈阳分公司待过的元老级同事总说，解冰这个地道的东北妞，以前脾气比谁都暴。

有多暴？我们不知道。那几个同事也讳莫如深。

有一回我和解冰一块儿到沈阳出差。

那是我第一次到东北，本以为要跟着曾经在沈阳待过好几年的解冰享尽当地美食，谁知道只是每天跑客户，累得筋骨像散了架，有天半夜还被她带出门去给死人烧纸。

那天累得跟狗一样的我耷拉着肩陪解冰走很远来到一条马路边，在十字路口，解冰开始捻散那些冥币、黄表纸，还有各色纸糊的摩托车、越野车和苹果手机。我探头一看，我靠，竟然还有360体感游戏机，冥界商机真是与时俱进。

解冰说：“只有十字路口是通阴阳的，烧在十字路口的钱才能被那边的人收到。”

我就问她：“烧给谁？”

解冰说：“一个死鬼。”顿了顿，又说：“我以前男朋友。”

十字路口，路灯明晃晃的，没几个路人。火舌在地上舔出一堆灰蝴蝶，风一吹，打着卷向高处飞。

东北姑娘解冰高颧骨的脸在漫空灰烬里显出一些冷清，唇上艳丽的口红颜色也压不住那抹冷清，整个人有种明艳的哀伤。

我看着她，心里突然噤了声。

和那男孩在一起的时候，解冰还年轻。

两个二十出头的年轻人，脾气一个比一个臭。两人在一起，生活的重要内容就是吵架，和别人吵，和对方吵，急眼了也有动手的时候。

两人轧马路时在街边小贩手里买圣女果，解冰嫌人家缺斤少两实属欺人智商，吵到动手。不想附近练摊的三个小贩都是同村相约出来的，一起扑过来，小情侣俩绝不示弱，双双操起扁担秤杆，打到双方皮肉破损，红嘟嘟的果子滚了一地。等到两人雄赳赳走在回家的路上时，才想起来圣女果一个没吃着。

男友也不是省油的灯，新找的工作，上班第二个月碰到个难缠的客户，对方说话不中听，他忍无可忍直接打得对方头顶椅子奔出去两条街。那个月两人穷得只能吃方便面，一点微薄积蓄全给人赔了医药费。解冰一边吃方便面一边拍着他肩膀说：“那一砖拍得好，今年上市的新口味咱都吃全了。”

两人之间也吵架，为的都是男男女女间的琐碎小事。

有女孩给他发了条不清不楚的短信；有男孩追求她；他在街上多看了几眼美女；她对朋友里某个帅哥笑得太甜。

为他下班回来路上不肯绕道去为她买一碗桂花小汤圆；为她连着很多天睡前忘记给他晚安吻；为他带她见朋友时没有揽住她的肩；为她碰见前男友时匆忙别过没有介绍他是男朋友。

不管什么样的事，他们最后总是能扯到爱和不爱的问题上来。扯来扯去扯不清，最后就是武力升级。

解冰是不可能挨打的，男友从来就不打女人。那么就是解冰痛打他，拳打脚踢，踢完又后悔，和好以后就摸着他身上的瘀青掉眼泪。

他倒反过来安慰解冰：“有什么要紧的，几天就好了，老子又不穿比基尼。你亏得没打老子脸，打老子脸老子就跟你拼命。”

解冰从来没打过他的脸，所以也不知道他是不是真会跟她拼命。他后来去了地底下，一个人躺在那，白天黑，晚上也黑，早就没命跟她拼了。

吵得最厉害的一次，不记得是为了什么，只记得也是琐碎小事。

解冰怒起来就容易绝望，那天她爬到了窗外的空调机上。她指着男友，撕心裂肺地指证他不爱她，逼他承认。

其实他如果真的承认不爱她对她有什么好？她不知道。他若不爱她她才会真的陷入绝望。解冰想不通那时候的自己，回忆起来她觉得自己那时就是个神经病。其实青春里的爱大多神经。

见解冰怎么劝也不下来，男友转身就进了屋，解冰那时心如死灰。

但她马上就看见隔壁房间窗户里探出来颗毛茸茸的头。她男友就像个长臂猿一样，嗖嗖几下就灵活地爬到了她旁边的空调机上。他跟她一高一低隔空坐着，眼神嚣张地看着她。

解冰本来只有一点恐惧，看到他像只大青蛙一样蹲在她头顶斜上方，脸唰一下就白了。解冰的体重不到一百斤，男友的体重有一百三十多斤。

“你个傻子，赶紧下去，下去！”解冰喊道。

他们的房东不知道什么时候在楼下站着了，旁边还有几个邻居，都惶恐地看着他们，吆喝他们快下来。

解冰男友蹲着的那个空调架就在那时松了一下，“咯”的一声响，两个二愣子闻声，吓得飞快蹿下去，攀着窗口跳进房间。

这天他们就被房东赶出去了，不肯再把房子租给他们。

于是七月的大日头底下，两人一边啃冰棍一边手拉手找新房子，走在沈阳的大街上咒天咒地。

他叫什么名字？解冰说不出口。

他走了以后，他的名字就变成了她心上最短的咒语，每一次提及，都揪心刺骨。连血带肉地疼。

在一起的时候，解冰就很少叫他名字。大傻子，猪头，二货，Honey，亲爱的，解冰想起啥叫啥，全凭心情。名字能代表什么呢？那时候的她想。名字不过是一个称呼。她如果爱这个人，他明日换了称呼，叫狗剩叫猪蛋她都会爱他。

她跟他说话也从不客气。滚、爬、王八犊子。说得最多的是口头禅——你去死。

那些词没有意义，对解冰来说不过就是语气助词。吼了他滚，反正滚了马上还会滚回来。骂他王八犊子他也不会真变了形给她看。至于去死，谁在意呢？他们还那么年轻，还有那么多日子要过，死是多么遥远的词。只有真的临近死亡的人才避讳说死，就像没有谁会蠢到跟老年人开玩笑说你去死。她那么年轻，才会以为自己配得上把死挂在嘴边。

他也粗鲁地唤她，有时候。他用很亲昵的语气叫她“小贱人”，她听多了，也就懒得生气，反正她只是他一个人的“小贱人”。

但他从不和她一样说你去死，问他为什么，他说不喜欢。她那样骂他，他也不生气，随她去。

解冰也是很久以后才明白，她那时在他的爱里作天作地，不过是吃准了他爱她。

你去死。这是解冰的口头禅。口头禅而已，说得多了，她都不会去联想这句话的意义。

反正她从小到大都是这样骂人的，好朋友、他，都是自己亲近的人，反正也没有人会因为这个短句子真的去死。

有次他们吵架，男友气不过，夺门而出。解冰气得在身后随手捡了只他的拖鞋向他的身影投过去。

“你去死！”解冰骂道。

不到一小时，解冰就接到他的电话，陌生人拿他手机打的，叫她去医院。他冲出家门没几条街，就被车撞了，在医院急救。

那天解冰在手术室外哭得声音都哑了。后来他脱离了生命危险，她坐在他的床边，凝视他在麻醉药力下尚未苏醒的脸。她在心里发誓以后再也不跟他说“你去死”。

死，是多么可怕的字眼！她怎么舍得咒他！

那次他卧床两个多月才康复，她贴心地服侍他，那是他们在一起时最温柔的两个月。她觉得，原来两个人谈恋爱不互相戏谑竟然也能好好相处，举案齐眉。

结果他好了以后两个人还是吵架。

再度小贱人对抗大傻子。吵了打，打了哭，哭得抱成一团和好。吵吵打打，但从没人提过分手。不分手，这大概是两个人不约而同的底线。

他们青春的爱情，线条紊乱，热血淋漓。

后来她还是忍不住对他喊你去死。还是个语气助词。

然后那天他扔下她，冲出去，跑向马路对面。

像从前的每次争吵一样，她知道他不过又是去找某个死党，一起喝几杯酒打几把台球，然后晚上偷偷摸摸回家，抱着床上装睡的她，小声说老婆我又死回来了。

那天他冲出去。冲出去。像很多次吵架时一样。

马路对面近在咫尺。

“砰！”

她亲眼送他离开这个世界。那天她跪在马路上摁住他流血的伤口，摁住这里，血继续从那里冒出来，他像一个浑身是洞的破麻袋，漏得她的世界漆黑无光，全是绝望。

灵堂上他父母不肯让她祭拜，他妈扑上去扇她耳光。她就跪在大门口，举着浮肿的脸天昏地暗地哭。

那以后，很长一段日子她每天都回忆和他在一起的日子，根本停不下来。她的脑子变成了一台永动机，梦里也不肯停。他给过她的所有好，后来都变成这个世界对她的残忍。

解冰后来问过自己很多次，为什么要对他说去死？为什么死的那个不是自己？

黑夜是她一个人的，空气里从来没有一个声音冒出来回答她。

这世界哪有那么多为什么。谁知道老天哪来那么多玩笑。

他离开后的第六年，解冰才又开始交新的男友。她认识了现在的老公。

她老公很沉稳很理智，向她表白的时候就是这样。他说："我很喜欢你，你应该知道了，你喜欢我吗？如果你愿意请和我在一起，如果你不喜欢我，我很抱歉这段时间打扰你。"解冰看了他一会儿，点了点头。

刚和她老公在一起的那几年，解冰常常想起那个离开的人。

那时候，他追她，成天没脸没皮地骑辆破摩托跟在她后头，半条街上都是他那辆破摩托咣当咣当的挡板晃荡声。他"美女美女"地叫她，没完没了。美女你要不要搭车？美女你去哪？美女你吃饭没有？哎！美女走慢点，你男朋友掉了。解冰有时在回忆里笑起来，笑着笑着就哭了。

她老公不会这样。她老公是多么正经的一个人啊，衬衣笔挺，性情温良，嘴里从没吐过脏字，他身上的良好家教让人不好意思放肆。他叫她小名，温温柔柔的。"冰冰，这个你喜欢吗？""冰冰，你想吃点什么？""冰冰，你看这样好吗？”

她是被温柔珍爱的乖女孩，在他之后。

她也伸出双手温柔地捧住她老公的脸，看他黑褐色的眼眸。

她也闭上眼睛吻她老公的唇，吻里都是淡淡胡须水的味道。

她也在疲惫的时候抱住她老公，把头埋在他胸前。

她也在晚上做梦醒来的时候把自己塞进老公的怀里，两个人沉沉睡去像两把叠在一起的汤匙。

像从前和他在一起那样。那么多个白天和黑夜。

但是，是什么变得不同了呢？

她和他曾经的生活，后来总像隔了一层面纱。她的爱和依恋，对这个世界的感知，都被时间打磨到不再清晰。

唯一的一次失控，是刚生完孩子不久。

那时她有轻微的产后抑郁症。有天和老公争执了几句，她突然不能克制自己，猛冲到阳台上，轻车熟路地爬到阳台外面的空调挂机上。

她盘坐在那，对着老公大喊大叫。她意识恍惚，喊了什么其实自己并不清楚。她只是觉得很悲伤，需要释放。

她泪如雨下，泪眼模糊，完全看不清她老公的面容。

只是很短暂的时间，她的意识即刻清醒下来。她抹干眼泪，看着她老公焦急苍白的面容。他站在那对她伸出双手，求她冷静下来，立刻回来。

他伸出一个怀抱给她，在那里，她的彼岸。她若上岸，自有满怀暖意如春；她若下坠，他为她掬两把成年人的热泪，那是成年人的情意。

她突然觉得自己很无聊，无聊到可耻，无聊到索然无趣。

她爬下去，小心地扶着墙跳进阳台，去房间里给孩子喂奶，她刚满月的宝宝因为醒来时的饥饿正在号啕大哭。

解冰是这样说的。那天她跳下去，路过她的老公，去给房间里嘤嘤哭泣的儿子喂奶。看着儿子拱着小小身子在她怀里急匆匆寻找和吮吸开来，露出一脸心满意足的样子，她在那时察觉到了人生的凄凉，也感觉到了生命带来的莫大欢欣和幸福。

还要怎么样呢？上天已经给了她那么多，那么多。

生命里总会有人来教你成长，虽然不是所有代价你都甘心承受。他走了，她还是幸福的。她的生活和这世间很多的女人一样，老公、孩子、快乐和烦恼、热闹和冷清，全部都到场，没有什么缺席。她的人生和这世间绝大多数人一样，不被亏欠的标配。

那么还有谁，甘愿念念不忘心上永远缺憾的那一角？即便无须提醒，即便无从遗忘。

东北的夜那么凉。十字街头飞舞的黄表纸灰烬里，那个东北姑娘的脸，明艳里沉着的哀伤。

她后来再也不会在爱里作天作地，她所有作的血液都在一场爱里流淌耗尽；她后来会劝身边的女孩，不要在爱里作死，爱如果在那里的话它就在那里，不需要你作死来证明，爱是越证明越少的东西。她后来是幸福的解冰，公司里每个年轻姑娘都敬爱的稳而静的美女姐姐。

我们每日走在大街之上，都会遇见那么多比肩而过的陌生面孔，我以前常常想，在那么多的平淡无奇里，谁也不知道他们背后曾经历了怎样的故事。在路过解冰的故事、目睹过解冰那一晚的软弱之后，我开始明白，原来，每个人都是一本曾被命运粗略对待的书，即使被无情揉捻撕裂，也终会努力舒展封面，假装成完好的样子。

我们受伤、平复，最后还都感激时间，是它容我们一点点捡拾自己，宛如无缺。

我想就这样任性地走下去

/ 老妖

豆瓣又开始统计阅读DNA了，于是发现这一年，我看了232本书，最多的一个月居然看完了29本。当然，有的只是草草扫过了一遍，有的估计只是随意翻了翻。却是突然间在心里感觉安定起来，这一年，虽然有时懒散任性不靠谱，但是，到底可以骄傲地说一句：这一年，我真的成长太多。

前年年底，我就在筹划着要离开家乡的小城，却还是草草地找了工作，做着自己十分不喜欢的人事，每个月在各种Excel表格中晕头转向，在我第N次算错了这个月的保险申报人数的时候，终于感觉自己干不下去了。

辞职的时候，再次想要出去，却又开始犹豫，我不知道自己该去哪儿，不知道自己能做什么，甚至对自己能否独立在外生存都心存怀疑，于是又重新找了一份工作清闲且薪水低廉的工作。

一直晃悠了许久，才下定了决心离开家，去北京。

后来，我师傅说，我发现你真是胆子很大啊，居然就这样敢被我忽悠来北京了。然后他说，我发现我也是胆子很大啊，居然就这样敢让你来了。其实，并没有那么胆大，只是那时候跟朋友说好，如果联系好的工作不靠谱，可以去他那里暂住，也早早就联系好了两位在北京的高中同学，总之，有任何一点不靠谱，都可以去他们那里暂住。甚至跟所有关系不错的朋友都打了一遍招呼，万一我出现啥问题，你们要准备好救济我。

但是，幸好，一切都是靠谱的。而这一年，也因为我到了北京，而有了几乎是翻天覆地的变化。

01

到北京，开始学着做一名图书编辑。从之前一无所知的新人，到如今，总算是对行业有了些了解和看法，而关于做书这件事，自己在脑海中的构想，也日渐清晰起来。因为一直有继续看书，写着乱七八糟的书评，我自觉写得都很随意，大都是不成章法的读后感，看的书也是参差不齐，一目十行，囫囵吞枣。但很庆幸的是，正是因为看了这么多的书，写了这么多的书评，我才有机会认识了一些优秀的编辑老师，一直以来都被很多人照顾，在做编辑的这条路上，很多人都给过我指点，我也从他们身上学到了很多。

一步步开始学着找作者，挑选稿子，编校，一遍又一遍地改稿子，磨一个看起来鼓舞人心的文案，找封面图片，选择设计师，然后跟设计师死磕，填写各种表格和征订单，包括后期的宣传和营销，为了推书费尽心思地跟人撒泼卖萌。所有的流程都大致了解之后，才发现，做书，真的没有看起来那么容易，而做一本好书，真是需要付出太多太多。

但所幸，书总算是一本接着一本做出来了，虽然仍有不满，但我知道，每一个的争吵和磨合过后，我又学到了新的东西。

不管如何，作为第一年入行的小编辑，自己仍然有很多不足和需要弥补的地方，所以一直在不停地看书，希望可以多了解一点畅销书的市场，希望能多看点好文章，文案能写得好一点，审美能再好一点，希望能多认识一些作者，希望能多做一些好书……我知道，自己距离一个好编辑还很远很远，庆幸的是，在做编辑这条路上，我的成长还算是没有辜负这大半年的时光，而未来，还有很远。

02

这一年，开始在豆瓣上发一些乱七八糟的文字，居然有人看，我自觉写得太一般，太随意，太不讲究，可是，每次看到读者的留言，说很喜欢的时候，还是忍不住很开心。也因为这些文章，我在豆瓣的粉丝，从最开始的一百多人，涨到了现在的一万多人。真的很感激，每一个关注我的人，因为至少，不管是出于虚荣或者其他，大家的关注，是我依旧愿意写这些文字的理由之一。

也是因为写文章和做编辑，所以认识了很多优秀的作者，大部分是豆瓣的，也有人人网和微博上的，还有各种途经看到好文章后辗转找到作者本人的，之前在我眼中只是陌生人，因为喜欢他们的文字，所以贸然地跑去勾搭，简直堪称勾搭小能手。

我总以为喜欢写字的人大都是简单而随性的，看到了那么多作者的好文章，也学到了很多，而他们教会我最多的就是坚持，我之前从未把写东西当成一件严肃的事情，也一直写得漫不经心，可是在看到那些作者，有的是广告人忙到疯，有的已经怀孕了，有的有一大家子需要照顾，有的要加班到深夜，却还是一篇一篇地更新着文章。不禁为自己的懒散和堕落而深深自责……

有位一直很喜欢的作者说过，哪里有什么灵感，写得多了就自然会写了。曾经和朋友讨论天赋，我很挫败地说，看到别人的文字写得那么好那么有灵气，真是瞬间都失去所有继续写下去的动力。他说，既然没有灵气，那么默默地努力好了。那种焦躁，那种看到别人的好故事好文章想要拍桌子的冲动，那种想要写东西却在开了好几个头却依然继续不下去的无奈……分分钟想要抱着柱子痛哭一斤半的泪水。

后来，开始慢慢平静下来，然后决定一篇接着一篇继续写下去，或许它们依旧不够完善，但我仍然心怀期待，写得多了之后，或许会慢慢好起来。

我一直以为，每一个写作者，心内都藏着一口井，而他一直在做的事情，就是不断地把自己那口井里的甘泉掏出来供大家啜饮，有的天赋异禀，不须花太多力气就有足够的源泉，而有的人，却只有不断地拼了命地往自己那口井里加东西，才能够保证它不干涸。我想，我从来都不是一个天才，也从来都不够有灵气，便只有在这条路上奋力跋涉，去认识很多人，跟不同的人交谈，去看很多书，去思考很多问题，去尝试打开自己的思维局限，去试图用自己的方式，去让自己的那口井，有足够的水源可以掏出来。我知道这条路很长，也知道自己算不上一个合格的写作者，但幸好，我有足够的耐心，也有足够的坚定去相信，有一天，自己的这口井，就算无法汹涌流成汪洋大海，也可以给路过的人捧上一口水，解解渴就已经足够。

03

在北京的时候，感受最大的，是那种快速且不可抑制的成长。我看到一个之前从未想象过的世界，它是陌生的，也是刺激的，令我着迷的。很长一段时间，我都是个只关注自我的人，很少会在意周围人的想法，而这一年，却硬生生地拽着我从自己的那个圈子里跳出来，开始磕磕绊绊地跟人打交道，开始前言不搭后语地跟人说话。

后来，我却发现，其实，我没有那么自闭，其实，我也没有我想象中，那么不讨人喜欢。虽然还是有很多不喜欢的人，但其实，真的没有我想象的那么糟糕，原来，我一直都不是，我想象中那个不善言谈不懂交往的自闭者。原来脱离了一个环境，真的可以改变一个人。我不再自闭，不再总是悲观，不再总是沉迷于过去无法自拔，不再总是对所有人都充满愤怒，不再总是自怨自艾觉得自己命苦，反反复复跟人叨叨自己那点破事儿。换句话说，我终于，选择了放下，选择了不再频频回首，而是大步向前。那些所有不愉快和消沉的情绪，居然在每一天来来回回地奔波当中，被我渐渐消化，而我，居然成为了那个别人眼中乐观、积极，充满正能量的人。

如果是一年前的我看到，恐怕是打死也不肯相信吧。而更令我惊奇的是，我发现，我居然可以照顾好自己！

出来工作，周围一些人都十分难以理解，因为真的是个生活白痴，我妈觉得我会混到交不起房租流落街头，我弟觉得我过年肯定买不起车票回家，我闺蜜 A 觉得我肯定会走在路上被人拐到某个山沟去生娃，我闺蜜 B 觉得我肯定会因为一点破事就跟老板吵架然后被勒令滚蛋……总之，是为我设想了一系列凄凉状况。但我实在太伟大了，至今仍然好好地活着！

对于我能平安活到现在，居然过了大半年连一次病都没有生过，我也感到惊奇，因为之前一直都是但逢换季必须感冒，但逢感冒必然高烧不退死去活来大半个月。

我居然发现自己是个还算靠谱的厨娘，至少能买回一堆菜蹲在厨房研究一下美食 APP 就能整出一道吃起来还不错的菜。总是在我穷困潦倒的日子里，因为自己做饭，着实省下了不少钱，而且最关键的是，不是吹牛，真的比外卖好吃多了！

你看，等到你终于行动了之后，才会发现，其实一切都没有想象中那么难，其实你真的可以拥有无限的潜能。

04

也遇见过很多难堪和辛苦的事情，被人误解，被人恶意攻击，被信任的人背后出卖，之前在小圈子里从未遇见的糟糕事儿通通出现，叫人猝不及防。

最痛苦的是经常缺钱，一贯花钱大手大脚，赚得又不多，往往是到了月底，就发现自己余粮不足。大部分的时候都过得穷困潦倒，有时候加班到很晚才回家，最后一班地铁，下了之后没有公交，一个人走在漆黑的路上，会有些困惑，过得这样辛苦且辛酸，到底是为了什么？可是到底，也懒得深究，为了什么呢？

只怕说再多，也抵不过，此时此刻，你是真的很享受这样的生活。哪怕前途未卜，哪怕生活困顿，哪怕你必须忍受所有一个人生活的艰辛和不快。

我不知道自己会在北京待多久，也不知道自己终究会走向哪个终点，不知道自己会不会一直做编辑，会不会一直写一些字，不知道会不会一直保持对这个世界的热情与无畏。我懒得去考虑那么多复杂的意义，甚至有时候，会忘记他们口中的那么多无法略过的现实，比如没有对象，比如无法按照正常的期望加薪升职，比如一天自己的能力跟不上这座城市成长的节奏被它无情地抛弃，比如可能过了十年我会依旧跟现在一样穷困潦倒一无所长……

未来会如何，没有人可以保证。我一直都坚定不移地认为，我们活着的目的，不是为了有朝一日出人头地，也不是为了走上加薪升职成为 CEO 迎娶高富帅的康庄大道，不是为了更多的名与更多的利，不是为了那些别人眼中值得艳羡的荣耀和尊严。我只是想要在我年轻的时候，在我对这个世界还未感到厌倦的时候，在我还能够输得起的时候，去离开一个狭窄的地方，去多看看不一样的别处，去多经历一些如果囿于一地就永远不可能经历到的事情，多认识一些人，多尝试一些我曾经以为的不可能。

至于未来会如何，我会长成什么样，我会成为一个什么标签什么身份什么位置的人。

未来离我那么远，我才懒得去考虑。最珍贵的，是不辜负当下的每一天。

每一天，都想要自己可以成长得快一点点，可以多见识一点点，多学到一点点，多进步一点点，迫不及待地想要多认识一些人，多接触一些我之前没接触到的东西。

偶尔会懒散，偶尔会任性，偶尔会因为自己的冲动热血和口无遮拦而闯祸，偶尔也会被莫名的中伤和捕风捉影的误会给气到掉眼泪。

可是，依然无比真诚地想要感谢这一年。因为这一年，我终于走出了之前一直犹豫却不敢迈出的那一步，因为在北京的这一段时间，我成长的速度或者是我之前二十四年的总和。这一年我差不多全盘推翻了我之前的人生观，然后在新的环境里，拼命地去用后来获取的信息和知识去一点点地重构，默默地去给自己搭建一个新的骨骼，等待着时间给我供养，等着你自己在今后的日子里长成我期待的样子。我知道我还很稚嫩，有很多不成熟，作为一个二十四岁的女青年，我浪费了太多时间，虚度了太多光阴，但是，真的很庆幸，我没有继续浪费和虚掷下去。

未来还很长，关于未来的所有期待或许都会渐渐成型，也许它并不完美，只是属于我的浪漫构想，可是我清楚地知道，只要你下定决心往前走的时候，哪怕前路充满未知和坎坷，还是会一步步接近你想要去的地方。

暗恋者的暗恋

/苜海

你第一次遇见他的时候，是在夏天。当时你刚刚分文理班，面对着掉垮的理科成绩，你毅然决然地选择了文科。然后从二楼搬到了四楼，你迷迷糊糊地去了四楼，不知道哪一个是你的班级，然后你就看到了他，阳光洒在他的脸上，角度刚刚好，很像电影里的镜头。你心想，怎么可以这样美！然后你就一直盯着他，直到从前班里的同学提醒你，在哪个教室时，你才回过神，和同学一起走进了教室。

班主任在讲台上口若悬河地说着高考的重要性，可是你一句也没听进去，满脑子都是他的模样，你在心里嘲笑自己，少女花痴病又犯了。后来，你经常能看到他，他的班级就在隔壁，慢慢地，你收集了很多关于他的信息。你还记得有一段时间，他经常和他们班的一个学霸女生走在一起，你很有心机地对学霸旁敲侧问，然后就会说到学霸旁边的那个男生。其实，这才是你的目的。就连你同桌都以为你只是很佩服学霸，才对学霸旁边的男生感兴趣。终于，你弄清楚他的名字了。

当然，你也记得某个夏天，你发现班上的某个女生经常和他打招呼，可是你和那个女生不是很熟，但你还是很有心机地去找那个女生玩，慢慢地，你知道了，那个女生和他是初中同学。还有一次，你在朋友圈里看到你小学的班长和他一起拍的照片，你心里有点难过，心想着为什么当初自己没有去那个初中读书，要不然和他有可能会是同学。

当然，你也记得后来的事情。

那个时候你一个人在外面租房子住，住的地方离学校很近，可是你却知道他经常走的那条路，其实后来想想，只有一条路，可是那个时候你还是自作多情地把这看作缘分。慢慢地，有过偶遇，渐渐地你也能大概猜出他路过的时间。于是见面机会越来越多，你慢慢地开始喜欢上学了，因为每天都能见到他。即使只是一个侧脸，你也觉得是满心欢喜。

那个时候大家都觉得你是个大大咧咧的女生，所以毕业的时候，大家在你的毕业册上都会写上类似这样的话“乍一看是个男生，走近一看，你会颠倒自己的印象，其实那是个女生！”可是，你知道其实不是这样的，你会在人群中突然安静下来，也不会觉得孤独，因为你的心里藏着一个人。这样子也好，你不用害怕会露出喜欢他的一丝端倪，因为大家都不会想到你居然会有一颗少女心。

那个时候你的学习成绩不是很好，甚至和“好”字扯不上关系，每次月考之后，看着超低的分数你都觉得很难过，然而一看到他，你又觉得生活有了更多的意义。可是你又很纠结，你心里很累，你觉得喜欢一个人又开心又心痛，有时候，太累了，想放弃对他的喜欢，等你下定决心好好学习，不再喜欢他，看到他就把脸撇过去，可是没坚持几天你又放弃了，你心想，怎么能克制自己不去喜欢一个人呢？

你也记得他对你笑过，让你开心了好几天。那是一个晚自习中间下课的时间，班上一个女同学突然一个人站在走廊上哭泣，是那种一个人流泪的哭泣，一般不会被人发现。可是敏感的你却发现了，你跑出去问她怎么了，她没有说任何话，然后你无奈地看看外面，然后转过头你就看到了他，你愣了一下，突然觉得很烦躁，原因是你穿了一件很丑的外套，是一件黑色的机车外套，你一直都不喜欢这件衣服，可是那天你却把它穿了出来。就在你愣神的时候，他对你笑了一下，然后你就忘了刚才的烦恼，对他也笑了一下。后来每次想到那个笑容，你都觉得正能量满满。

你也记得在那么多难熬的日子里，你把诗抄在本子上，经常翻看。毕业后一年多的时候，整理旧物，你居然找到了那个本子，然后记忆又汹涌而至。你记得自己看了席慕蓉的《一棵开花的树》之后，在一个好看的本子上面抄写下来：

如何让你遇见我
在我最美丽的时刻
为这
我已在佛前求了五百年
求它让我们结一段尘缘
佛于是把我化作一棵树
长在你必经的路旁
阳光下慎重地开满了花
朵朵都是我前世的盼望
当你走近
请你细听
颤抖的叶是我等待的热情
而你终于无视地走过
在你身后落了一地的
朋友啊 那不是花瓣
是我凋零的心

可是你的喜欢是多么卑微，你也不介意这么卑微的。

当然，你也记得每次从他旁边路过时，自己的每个细胞都开始紧张，整个人都觉得轻飘飘的，有种无法动弹的感觉，可是你不想任何人知道你喜欢他，于是你佯装很无所谓地从他身边走过，然后若无其事地瞟他一眼，其实你的心里已经紧张得不行。要是不小心他也正巧看了你一眼，你就赶紧把眼神移到其他地方去，生怕被他看出你喜欢他。后来，高三临近毕业的一个月前，你从班里的一个女生的口中得知，在车库里，看到他和一个高二的女生接吻了，而那个高二的女生是你们这一届留级留下来的。你也知道那个女生，那个女生谈过很多次恋爱，短头发，眼睛很大，很瘦小的样子。你也是短头发，却是那种男生头。可你还是觉得你和她有共同点。后来，班里有个和你玩得很好的女生和你说到这个八卦，她说那个女生是黄脸婆，谈过很多次恋爱，是破鞋。你只是笑笑，心想着，即使这样子，他还是喜欢着她呀！那些又有什么关系呢？

其实听到他谈恋爱的消息之后，你整个人都软了，全身无力，整颗心都在往下沉。整个人都在发抖，你接受不了这个现实。然后那一整天你都在睡觉，老师问你怎么了，你只说你是感冒了。那天晚上，回到住的地方，你哭了很久，哭得也很丑，不过你不担心，反正也没人看到。

后来，你对自己下定决心，不要去想他。但是当你看到他和那个短发女生在一起的时候，你还是止不住地伤心。你不得不接受这个现实，接受它，你才能更好地往前走。

毕业之后，你再也没见过他，不过你也听说了一些关于他的事情，他和她分手了。那个时候人人网很火，你的邮件里也能收到很多老同学的邀请函，想到他，你就注册了账号，加了他。只不过过了很久你才和他聊了一次天，你装糊涂问他：“你是谁？怎么加了我？”其实是你请求加他的。那次聊天之后，你就注销了账号。之后你把自己所有的同学都加到了朋友圈，终于在暑假的一个炎热的下午，你在朋友圈“可能认识的人”里看到了他，你感觉自己的心脏都要跳出来了，然后申请加了他为好友。然后就下线了。那天晚上，他发来一个消息，问你是谁。你很紧张，即使你的旁边没有任何人，你都能感觉到你的手心在冒汗。那个时候已经是半夜十一点多了，可是你一点都不困，脑子清醒得很，你的好友里大部分人都睡了，只有几个好友是在线的，你想告诉别人你的欢喜。于是你和一个关系还不错的同学说：“我在和我暗恋的人聊天，好开心！！！！！！！”你的心情太好了，发了N个感叹号，那个晚上，你都没有睡着。

后来，你经常和他聊天，你加了他的微博，他的微信，还弄到了他的手机号。他告诉你，如果去上海可以找他玩，可是你却有一丝害怕了，然后抽风地回复：“可是我和你不熟啊！”然后他就没有再回复你了。

你说你，是不是很傻？

后来，你复读了一年，但终究还是上了大学，开始有男生给你写情书，可是你拒绝了所有人。你觉得如果你答应了别人那就是背叛他。他在距离你很远的上海读书，而你去了湖北，两人出了省，却离得更远了。你加了他的朋友圈，虽然他很少发消息，但是每次看到他的头像你还是很开心。

有人说，时间会淡忘所有的事情。现在距离第一次遇见他已经过去九年了，这样算算，居然有九年了，就连你自己都吓到了。终于，你也能很淡定地和朋友说你喜欢过一个男生很久了，只不过现在却没有喜欢的人了。看到朋友圈里他发了消息，也没有了那种紧张得冒汗的情绪了。有段时间有朋友怂恿你去表白，你也想过，但终究是不敢，你害怕，你也很胆小。你笑着对朋友说："做朋友才能长久！"其实你都不知道自己在他心里到底是什么分量。

只是直到现在，再过几个月你就二十二岁了。和你一起读书的一些朋友小孩都两三岁了，而你，还没有谈过一次恋爱，朋友问你有没有初恋的时候，你反问朋友："暗恋也算初恋吗？"你的妈妈有时候也会问你有没有男生追你，你笑着和妈妈说："有啊，我都拒绝了！"

你觉得自己不会谈恋爱了，你觉得不会谈恋爱有两种意思，一种是很难再像喜欢他那样喜欢一个人；另一种就是你不知道怎么和别人谈恋爱，没有这种能力，就像有的人没有做饭这种能力。而这两种，你都占。

后来，你看了茨威格的《一个陌生女人的来信》，朋友都说这个女人可真傻！可是你不这样觉得，其实说实话你也不知道自己心里到底是怎么想的。

哦，今天，你又开始刷朋友圈，看到一个消息。是关于他的消息，看完之后你心里空荡荡的，就好像那些满满的情绪也终于可以倾倒掉。他结婚了，其实算算年龄，1990年射手座，差不多了。

你终于失去他了！可是，你却也从来没有得到过他，不是吗？一个朋友问起他，你只说，哦，他死了，车祸。然后你打开朋友圈，找到他的个人主页，点击了那个“删除好友”，微博里面也是，手机联系人里面也是。你想，你不能一直这样子，你需要找一个方法去解脱自己，比如与过去告别，摆正姿态，去迎接未来。

没有办法恋爱的少女病

／周宏翔

我妹妹已经二十二岁了，但是依旧没有男朋友，说出来很奇怪，但是妹妹也会迎面反问道："你二十五岁了，也没有女朋友，不是吗？"

她说得一点也没有错。

但是对于男生找不到女朋友这种事情，我觉得大可以成为不了了之的话题，但对于女生到了这个岁数没有男朋友，我却觉得多少应该有些羞耻心。这种话说出口，立马就要被一大群女同胞谋杀，但事实上，我只是觉得女生需要有一个照顾她的人，而男生，大大咧咧，自己随随便便一点就好了。

妹妹会生气地说：“需要被照顾的人是你们男生吧，扬言要找一个女朋友，其实不就是找保姆吗，洗衣做饭什么的，其实根本很少是真爱，不是吗？”我想，这或许是她不恋爱的理由之一，但是她依旧不依不饶地说：“为什么一定要有男朋友，你这种性别歧视什么时候可以消除？”

我和她一起长大，我大她三岁，基本上她什么时候初潮我都记得，虽然当时并不懂事，在外婆家看见洗手间里的内裤，迟疑了片刻，后来的生理课含含糊糊知道了答案，那时候就不能再把她当成小女孩看待了。初中的时候，她被老师举报和男生厮混暧昧不清，其实我权当是小题大做，即使真的有恋爱关系，我想也很正常，但家长可不这么认为。

这种事情，只要我私底下问一句，很快就能知道真伪，但事实上，恰恰是从小一起长大的兄妹，反而没有办法直面去问这样的问题。或许别人可以，但我做不到。很长时间内我也考虑过这个问题，好比，你最近是不是不能吃冷辣的东西；好比，你不要看那种电影，里面都是限制级的东西；又好比，你是不是跟隔壁那个臭小子眉来眼去，看我不抽死他。这些话都是电视剧或者电影里的兄长随口就能问出来的，而我只能通过一些细微观察去了解她的内心。

她十三岁那年已经开始会用粗俗的词汇，我听在耳里很不舒服，但是又没办法说“你不要说操了，那个词你根本不懂什么意思”。一旦说出来，就好像立马告诉了对方自己的秘密一样。后来一起看电影，里面出现“嗯嗯啊啊”

的画面，我也只觉得脸红心跳，好想赶紧快进过去，而她却一边吃着薯条一边若无其事地看着屏幕。

直到十五岁，她第一次郑重其事地问我："你在班上有喜欢的女生吗？"我摇了摇头，其实是撒谎，她狐疑地看着我的眼睛，我却躲闪了过去，"都已经十八岁了，还没有喜欢过的人，不会觉得很奇怪吗？"我说："那又怎样？"她突然泄气道："只是很想知道你喜欢的女生是什么类型，确定一下你的品位。"

我当然不会告诉她，她一定会去告密。在我念书的年代，恋爱还是学生之间非常禁忌的话题，这种事情要是被家长知道了，肯定要被狠狠地教育，而且就跟犯了大错一样。

我上大学之后，她倒收敛了很多，基本上也看不到和同龄的男生厮混了，好像开始做起一些正经的事情来，周末会去绘画班学画画，然后抽空给我打一通电话，有的没的说一些她最近看的书和电影，话题不再围绕某个男明星，而是围绕书或者电影主题本身，甚至开始议论剧本之类的东西。

她常常会说到男女主人公的爱情，表达的意思大概是："女人最后总是被男人整得很惨，要么失去对方，要么失去自己。"我笑话她说："你这样说好像你以后都不会谈恋爱了一样。"她说："没准儿啊，恋爱又不是每个人都向往的东西。"

"那你向往什么？"

“自由散漫的生活，谁叫我是射手座。”

而实际上，她并不自由散漫，因为绘画的关系，通过自主招生就进了好的大学，然后开始修英语，烘焙，摄影，一面开始画自己的作品放在网络上，大二那年人人都开始进入大学的热恋期，能够谈恋爱的都前仆后继投身进去，唯独她特立独行地在寝室没日没夜地做自己的事情。

“我说，你该不会是准备单身吧。”

“暂时没有打算把自己献给别人。”

有一次她洗澡的时候，手机放在沙发上，因为她没有锁手机的习惯，我顺道拿起来看了一眼，看名字就是男生，说了一句“可以给我一次机会吗？我不想一直做朋友”，突然她从厕所出来，吓了我一跳。

事后我竟然不耻又去看了下文，妹妹很不客气地回了一句：如果不做朋友，那就干脆断了关系。

是什么时候，她开始变成这样独立的女人的呢？

十三岁那年被请了家长之后，老师非要她承认早恋这回事。早恋的对象我现在还记得，是一个留着长头发的男生，他们俩站在办公室门口，我放学正好路过，意外看见爸妈在那里，接着老妈就把我拉到一边说：“你有空劝劝你妹妹，这种事情很丢人的！”

事后我当然没有劝她，我想如果那时候我和她说不要恋爱的话，她肯定会和现在一样反驳我。据说后来那个男生就这样转学了，而她在班上立马变成了众人的话柄。

从那之后，她确实还有跟少许男生来往，直到她正式开始学画画，就彻底断了联系。

“看待男生的眼光突然发生了变化，以前认为只要是值得依靠的人就可以当作爱的对象，但现在完全不行，光是可以依靠完全是胡扯，如果哪天他也让别人依靠了，我就没有位置了。”她这样和我说。

“那你现在怎么看？”我问。

“有个苍蝇一样讨厌的男生总是盯着我，身边的大多数男生都和他一样，连自己以后想要什么样生活的人都不知道，还谈什么恋爱。之所以想追我，还是因为得不到，根本不是那种因为了解对方，觉得两个人可以成为长久的soulmate而进行的感情。”

“恋爱这种事情轻松一点就好了，又不是结婚。”

“不以结婚为目的地谈恋爱，不就是耍流氓吗，所以在男生眼中，恋爱是恋爱，婚姻是婚姻对吗？我果然没看错。”

不小心说漏嘴反而让她坚定了自己的看法。

“我倒不是说恋爱和婚姻要区分开，而是说，恋爱的过程应该比婚姻轻松才对，你有点斤斤计较了。”

“那是哥哥你的看法，所以其实你不谈恋爱也是假的，实际上总是在换女友，享受轻松的感觉？”

“什么乱七八糟的！”

到了她二十三岁生日的那天，我竟然没有像以前那样祝她开心，而是祝她早日脱离单身，结果她却不如以往高兴，她说，你变了。我说，没有，只是为你担心。她说，你担心什么，我拿了奖学金，雅思也过了六分，今年去了六座城市，而且学会了竹炭泡芙的做法，你还有什么好担心的？

“我是担心你有一天会寂寞。”

“那是你自己吧。”

“女孩子不要这么好强！”

“你的性别歧视什么时候能停一停？女人除了爱情和婚姻还有很多东西。”

“你想说远方和诗吗？哈哈哈，那可是骗人的东西。”

“我想说的可不是这个，我想说的是如果我把时间花在了我不想花的东西上，我会很不开心，至少恋爱目前是我不想花时间的东西。”

之后一个朋友聚会，带妹妹一同去参加，原本想介绍几个朋友给她认识，却被朋友误认为她是我的女朋友，这样的尴尬局面还出现过几次，问及她是否恋爱的时候，她非常淡然地回答，没有。私下朋友开玩笑说，估计一直暗恋哥哥你啊。我说，别开玩笑！

有一次喝醉酒，竟然真的问了她这个问题，你不谈恋爱的原因不会是因为找不到像我一样优秀的男人吧？

她冷冷地回答道，如果像你这样的男人出现在我的世界里，估计连做朋友的机会都没有。

“你真的不打算恋爱？会被朋友当作异类的！”

“我为什么要被当作异类？”

“当作拉拉什么的，总之肯定有问题。”

“所以你就那么在意别人的话才活得那么辛苦。”

“喂喂，你可是在和你哥哥说话，注意一下。”

“这种喝醉了酒要打电话叫妹妹来接的哥哥，有什么好尊重的。”

“你对男性产生了偏见。”

“不，是我身边的男性让我产生了偏见。”

那天她开着车，摇摇晃晃地在雨中行驶，我靠着车窗差点睡着了，她在路边停了车，从座位后面拿来一条毯子搭在我身上，她以为我睡着了，其实我没有，她淡淡地说：“真的有可靠的男人吗？连亲哥哥也就这个样子了……”

雨声很大，她趴在方向盘上，淡淡对我一笑。

two

岁月可以偷走我的青春，
却偷不走那颗只属于我的少女心

那个金发女郎格蕾

/乌鸦乌鸦

（上）

遇到格蕾以前，我一直很怕老。

怕变成“某人的阿婆”，变成一个慈祥、累赘、古旧的符号。认识格蕾以后，我终于从衰老恐惧症中走出来。我们初次见面的时候，格蕾就年近五十了。她有三个孩子，最大的已经二十出头。但她仍然是我见过的所有人中，最接近“金发女郎”这个概念的人。

“Blonde”是美国人对金发美女的刻板印象，或者说是美国男人集体创作出的完美女孩形象。到20世纪中叶为止，全社会YY金发女郎就像我们今天YY软妹一样，不过现在这个行为不常见了。

典型的金发女郎要漂亮、呆萌、纯真、爱玩。格蕾并不是吹弹可破那种漂亮，但是很瘦。每天都做运动，跑步、举哑铃，穿着沙袋遛狗。她不避阳光，也不做美容，加上白人皮肤本来就薄，是有不少皱纹的。但是她不太在乎这些，有种孩子气。贵的衣服和便宜的衣服混着穿，想穿什么穿什么。大部分时间穿运动鞋，走得烦了就跑跑，跑得烦了就跳跳。活泼好动，精力旺盛。很少化妆。T恤、牛仔裤、无名小包。像阳光一样开朗，对所有人笑语盈盈，称赞你的一切。

格蕾随时随地享受金发美女的特权，几乎到不食人间烟火的地步。她儿子买一盘游戏，打开以后觉得不好玩。

“我去退货。”格蕾说。

“开封以后不能退吧？”我说。

“没关系，我妈妈是金发女郎。”大毛说。大毛是格蕾的大女儿，化名。格蕾当然也是化名。

之后果然退掉了。

我想做个猫树，需要各种形状的木板，不知道去哪里买。

“去商店要啊。”格蕾说。

“啊？”

格蕾带着我，径直走到建筑用品店里，见到店员，很有礼貌地打招呼，落落大方地说：“你们这里有多余的木板吗？我想要一些做个小手工。”男店员很殷勤地把我们带到仓库，那里有些人在加工定制的木板。我们从一堆下脚料里拣了几块，画上形状，他们还帮着裁好。只要对方是男的，格蕾就能占到便宜。

虽然不符合时代精神，但是格蕾长大的年代，社会风气就是这样。“金发女郎”就是她的世界里完美女性的标杆。美丽、令人遐想、玩弄他人于股掌之上，永远活在宇宙中心。

格蕾的女儿，大毛二十多岁，喜豆在青春期。是金发女郎的女儿，外貌也不错。但是，她们的异性缘完全比不上妈妈，缺乏一种决定性的、耀眼的光芒。

格蕾一直在谈恋爱，她和孩子们“共存”在同一个屋檐下，给他们做饭、洗衣服。然后拍拍手出门，找人谈恋爱。今天和这个人去吃饭，明天和那个人去旅行。找的都是同龄离异男。其实他们玩的内容挺有20世纪特色的，摩托车聚会、嬉皮士参禅会、布鲁斯露天音乐会……

他们没有模仿任何人的年轻，只是在延续自己的年轻。就好像70年代从来没有结束过。只要格蕾想，就有新的男朋友。自打离婚以后，一直是这样。

格蕾是个职业家庭主妇，她的生活费都来自前夫。她嫁到有钱人的过程，甚至没有伤害她的纯真形象。只是和高中同学结婚，那个人就变成了有钱人。格蕾高中以后就没再上学。前夫上大学的时候，她打小工赚钱养家。二十岁生了第一个女儿。

以后的十年，又生了两个孩子。同时赶上高科技泡沫，前夫成了 CEO。一个非常传统的上层中产阶级家庭，几乎可以作为历史书上的案例。

最小的孩子生下以后不久，格蕾离婚了，因为家庭暴力。

我见过她的前夫，是个赚钱机器，但是给他工作会减寿十年。即使是烤红薯那么简单的事，也要按照他的程序做，如果程序打乱，就会被挖苦。白天是控制狂和工作狂，晚上酗酒。格蕾爱不下去了，就离婚。

因为男方过错，格蕾得到了三个孩子和大部分家当。不过生活仍然没有以前富足，比如她离婚以后就再也没用钟点工，还要自己做些糕饼卖给咖啡店换钱。

格蕾没有任何外出工作的技能，但她是个非常合格的主妇。她能做很专业的法国菜和德国菜，会做各种面点。她一个人照顾孩子，把很大的家打理得干干净净。偶尔还买来涂料自己给房间换颜色，又去旧货市场买家居装饰，把房子布置得像杂志照片一样。

作为金发女郎，她当然还要有一定程度的天然呆。比如说，她最好的闺蜜是个心理咨询师。

“哦，这么好？”我说。

“她很厉害哦，还会看手相和塔罗牌，比一般的心理咨询师厉害多了。”格蕾说。

"……哦。"

你"又"被骗了，我想。各种算命、新兴宗教、心灵鸡汤，是格蕾最常看的书。在付给这个"咨询师"好几万美元以后，格蕾走出了离婚阴影。两人从此成了好友。

"她是我闺蜜，她算命和做心理辅导最厉害！"格蕾到处推荐她。

对了，这个"咨询师"也是金发女郎。

在她的儿子二顺上高中的时候，班上有个女同学 A 家里闹纠纷。小三、吵架、离婚……这个正值青春期的孩子一怒之下离家出走，在同学家里轮流住，住不下去就藏在学校过夜，被发现后批评教育送回家。

于是她干脆辍学睡大街。她的家人甚至懒得管她。

格蕾听说以后，把她捡回家，让她住在地下室的空屋里。当时，连久未联系的前夫都打来电话，说这不合适。

"为什么？"格蕾问。

"她家情况太复杂，你别插手。"

"为什么不能插手？"格蕾问。

"她是二顺的同学，他会尴尬。"

"为什么？这有什么可尴尬的？"格蕾问。

"喜豆刚上初中，会受到不良影响。"

"为什么小 A 是不良影响？"格蕾问。

因为跟她说不清楚，小 A 最终住在了格蕾家。

有住处以后，小 A 慢慢把行李搬进来，还带了电脑。于是有几乎半年，她足不出户在地下室玩电脑。偶尔去向不明，也不上学。

格蕾既没有教化她的能力，也没有教化她的动机，就随便她去。小 A 隐居在这里，用一些水电、食物，聚餐也不出来，集体活动也不参加。

半年以后，小 A 待烦了，出去找了份护理老人的工作。有收入以后，她搬出去了，一边兼职一边读完了高中。然后去技术学校学医疗护理。

久经世故的死理性派前夫说得对，小 A 的存在的确让二顺尴尬了一段时间。小 A 一度爱上二顺，可二顺爱着班上一个品学兼优的女生。一山更比一山高，一狗更比一狗血。青少年洒狗血才是真狗血，此处暂且不表。

小 A 也为喜豆的叛逆埋下一些伏笔。但是，小 A 自己，最终战胜了家庭、失恋、高中肄业、狐朋狗友等很多负面影响，变成一个独立自强的人。她现在把头发染成金色，也变成金发女郎。读书、工作，玩恋爱游戏，整日笑语盈盈，像阳光一样开朗。

有很多事情跟格蕾说不清楚。连《行动目标希特勒》这部电影都跟她说不清楚。故事讲的是“二战”中，德国即将战败，一些高级将领谋刺希特勒的事。因为是德国人杀德国人，格蕾就是无法理解剧情。她所知道的“二战”

是美国人杀希特勒。

至于《盗梦空间》什么的，别开玩笑了好吗？

她的子女经常说："直接告诉我吧，我妈什么都不懂。"

可叹的是，他们说得对。重要的事情交代给格蕾任何一个子女，都好过交代给格蕾。

交代给她的闺蜜算命师，或者小A，或者任何一个男友，或者前夫，都好过交代给格蕾。

格蕾是一个完美的家庭主妇，也是一个美好的金发女郎。但是她不懂社会上的任何事。

我曾经非常羡慕格蕾，把她当作精神导师。

差不多是八九年前，我孑然一身，像野狗一样流浪。独来独去，又丑又蠢又害羞。虽然青春也没多美好，仍然怕老怕死，怕孤独一生，怕遇人不淑。瞻前顾后，小心翼翼，怕一个男人毁掉我短暂的花样年华和漫长无趣的后半生。然后我遇到了格蕾。

坦白说，她男友的数量和质量，把我和小伙伴们都惊呆了。这是一个修辞，我那时根本没有小伙伴。岁月无妨于一个金发女郎的气场，谁不想待在这样一个人身边呢？优质男人不过是人群夹带来的副产品。

这胜读十年书的相逢，让我悟了。

衰弱、市侩、古板才是衰老的标志。

如果你不服输，或者太呆意识不到它的存在，岁月会给你换副皮囊，但是不会对你的生活做任何事。

（下）

四五年后，一个偶然的机会，我看到一张古旧的家庭照片。上面一个老土、微胖的中年妇女，拖着两个幼童，站在婴儿床旁边。

“哎呀，我小时候真可爱。”大毛说。

照片上是格蕾、大毛、二顺和婴儿喜豆。

我指着照片：“这……为什么格蕾是棕头发？”

“妈妈的金发是染的。”大毛回答，“大部分金发女郎的金发都是染的吧。”

格蕾的故事其实是这样的：

她是一个平凡无奇的小女孩，在一个偏远的矿业小镇长大。从描述中，这个地方很像《死木》里的镇子。镇上除了矿工，就是矿工家属，不然是矿工后代。男女皆彪悍，民风刚直野蛮，弱者无处生存。

格蕾就是个弱者。她小时候不漂亮，也不聪明。家里兄弟姐妹七个，她是最小的。不知道为什么，父母不太喜欢她。

她小时候近视眼，然而没人在乎她到发现这件事。她又胆小，不敢坐在教室前面。于是当其他小朋友挨个起立读黑板上的单词时，她以为别人都把这些东西背过了。她站起来，什么都说不出来。所有人，包括她自己都在想，为什么格蕾这么笨啊？

小镇上的风气比大城市要保守，没有人对格蕾有什么期待，只希望她长得没有残缺，会做家务，找个人嫁了就行了。

妈妈经常念叨她：“快点嫁出去，就不用在家里吃饭了。”于是她从懂事起，就以结婚为目的寻找恋爱对象。

同时她又受到矜持教育，女孩子不能主动追求男生。于是她等着，等着。要么厚颜无耻地吃家里的饭，要么厚颜无耻地追男生。格蕾还是觉得吃饭的耻辱比较容易忍受。

上高中以后，终于还是有男生约她出去。格蕾欣然答应。然而第一次约会回家后，发现家里的门锁换了。妈妈说，怕她被外人拐跑，回家偷东西。

从此格蕾回家要按门铃，如果没人应门，就找个窗子爬进去。经历如此种种，格蕾不负众望地，在十七岁与人私定终身。

那人是同班同学，还没有能力娶她，但是格蕾跟定他了。后来男孩去大城市上大学，格蕾也跟着。她当然考不上任何学校，只是跟着他，帮他操持家务，同时打工。

之后发生了一起风波。

男孩的母亲要来探望他，同居中的野鸳鸯吓爹了毛。

格蕾收拾行李藏起来，但是这当然瞒不过一位母亲的眼睛。

“说，这女人是谁？”母亲大人处理这件事非常严肃，现在想来，可能她以为是招妓或者更糟糕的事。毕竟是性解放以后的蒙特利尔，小镇中年妇女不知道对这地方有什么想象。

“是……是格蕾。”

格蕾的婆婆当然认识格蕾。在那个小地方，所有人认识所有人。同镇的女同学绝对不是最糟的答案。格蕾的婆婆接受了。然后做了今天看来非常搞笑的决定。她觉得未婚男女不应该同居，但是马上办婚礼不现实，同时格蕾回不了家，那里已经当她是泼出去的水。于是格蕾的婆婆把她带回家。她成了童养媳。

住了半年多，直到筹备好婚礼和新家。这期间格蕾在婆家做家务，打工当收银员、服务生。格蕾做得一手好家务，并且一直在进步，这是她的生存技能。

有个背景要提一下，格蕾只会说英语，婆家的母语是法语，有些家庭成员会双语，有的只会法语。格蕾乖巧而沉默地存在于他们家。

最终，他们结婚了。格蕾终于找到属于她的位置：一个男人的厨房。

在这之前，别人不让她安心待在其他任何地方：无论是教室、父母家，还是城市一隅。无论她在哪里，别人都想把她驱逐进一个男人的厨房。她终于走进去了，非常骄傲，终于安定下来。直到这个男人在这个厨房打了她。

格蕾从小受到的教育是：你要当个全职婚姻家，当你站进婚姻里，会像一个精密的螺母转进螺栓，没有一处不合适。天造地设，难解难分。

因为她从来不被认为是个聪明人，她非常习惯于听别人的话，别人说什么，她就做什么。她安分地待在家里，从来没让丈夫用过一次洗衣机、开过一次炉子、换过一片尿布。她学烹饪、学烘焙。

她是那么安分守己，只有送小孩上学、去培训班的时候才会接触到社会。与老师和其他家长交谈，就让她觉得长了见识，并且为“我也在社会上有关系网”自豪了一段时间。

格蕾的前夫整体上来说，不是个温柔细腻的人。据说，跟他共事过的人，在解约离职之后都不愿再跟他说话。关于他的家庭关系，仅举一例。这个男人说法语长大，但是他的三个孩子全不会说法语。最大的两个孩子，甚至不愿上法语课，因为他们爸爸喝醉了就说法语。后来学校体察情况，免了他们这门必修课。虽然他的工作能力非常惊人，但酗酒、打人，终于毁了这个家。

他们分分合合，在一次被劝合的时候，生了第三个孩子。

最终还是不行，他无法戒酒。今天，他对此的解释是：“压力太大。没有人在乎公司平稳发展，都一味要求扩张，扩张才能让股东有收益。”他非常后悔以前做的事情，但每晚仍然喝酒。

格蕾考虑离婚的时候，仅仅是这个想法就把她自己吓到了。他们的小镇是个天主教风气非常浓厚的地方，离婚几乎是个禁忌。她没有人可以商量，自己也拿不定主意。得了抑郁症，必须吃药才能从床上爬起来，洗衣做饭。学校里其他母亲偶尔会谈心理治疗的事情。她不敢跟认识的人说，在报上看到一个心理咨询师的广告，找上门去。

咨询师是个金发女郎。她听完格蕾的故事，拿出一副天使牌，让她抽。格蕾忘了她抽到什么牌。那个金发女郎看了看，说："你的背后站着一个非常美丽的天使，她说，你想做什么就去做吧，她会保护你。"格蕾相信了。这件事情让她非常高兴。上帝伟大而遥远，但上帝那么温柔，竟然给她配备了一个专有的天使。那个天使还很美丽呢。

螺母缓缓转出螺栓，一开始犹豫反复，后来越来越果决。

分居以后她的情况是：没有收入、没有朋友、不敢跟家人说，一人带着三个孩子，最大的十来岁，对父母离婚非常不谅解。离婚官司不知要打到哪一年，前夫胜券在握，格蕾只会听律师的。这时她有的武器，是一个每小时收她 80 美元的"朋友"和一个天使。

关于这个"咨询师"，抛开职业道德不谈，是很有两把刷子的人。她终生未嫁，靠帮人开解生活烦恼，买了一栋房子和几座公寓，准备退休以后一栋栋卖掉养老。她在格蕾家吃过饭以后，马上给她想出来两个生财之道：一是在邻里之间发小广告，卖自己做的饼干蛋糕。二是做代办宴席的生意。

这里面的秘密是，有些富太太手艺一般，但是喜欢附庸风雅装会做菜的人。她们请客的时候，格蕾就去厨房“帮手”，实际上做了所有的菜，但是客人们都以为是女主人做的。这种偏门的生意，也只有靠金发咨询师磅礴的家庭妇女关系网才能找到买家。

最后这个咨询师还在她哭诉的时候，直截了当地告诉她：“看你这没出息的样，做个狗屁家庭妇女啊？和老娘一起当金发女郎！”

想必每个看这篇文章的人，都知道一些伟大的古人。在我们遇到挫折的时候，想起这些伟大的人，瞬间感到自己的渺小。我们敬仰着伟人，像追随北极星一样奋勇前进。指引你的对象，可能是苏格拉底、海明威、隆美尔、霍金博士……这些人，格蕾全都不认识。

如果一个人从来没试图关心生活以外的事，当她突然想活得明白点时，遇到的困难是你无法想象的。

好在，那时候麦当娜正当红。格蕾对离婚后的生活，也没什么具体目标。要说当个麦当娜一样的金发女郎，也不现实。在她把头发漂成金色的时候，只是觉得，应该过和以前不一样的生活，不然保护她的天使多无聊啊。从来没有人说她外貌出众，但是在她换了发型、减肥以后，三十多岁的她比以往任何时候都漂亮。

格蕾曾花了两年时间找人嫁，花了两年时间嫁给他，花了十三年经营婚姻，然后花了十年时间把婚离干净。在离婚的过程中，她选择成为一个金发女郎。

格蕾的前夫，在离婚后也有不少女朋友。但是他经常在喝醉以后打电话给格蕾，问能不能复合。离婚都快二十年了，一年仍然有两三次这样问。曾经沧海。

有一次，格蕾在圣诞节期间感情空窗，前夫说，不如一家团聚过圣诞吧。他就来吃圣诞晚餐。一家五口，做饭、吃饭、洗碗、聊天、玩大富翁。快睡觉的时候，格蕾让他走。他不想走。一些大人的谈话以后，他最终还是离开。像两个成熟的成年人，好聚好散。但这人自己的私生活，是一团混乱。因为他仍然酗酒、使用暴力。他曾打了一个女友的幼子，被法庭鉴定为危险分子，终生不得靠近枪支。还交过同样酗酒的女友，两个醉鬼追打邻居的狗，被警察抓走。交了年轻的小女友，被偷走财物。请女佣做家务，被告性骚扰，真相不得而知。

不过，这些事情全都和格蕾一家没关系了。格蕾用离婚把自己和一个疯狂的生活永远切割开。

格蕾的每个孩子都有强烈的青春叛逆期。

不过，喜豆的叛逆最有伤害性。她出生后不久，父母就彻底离婚了。她从小就在父母之间摇摆，两个人都不自觉地用物质条件贿赂她，使喜豆特别被娇惯。

上高中以后，喜豆越来越不爱上学。高二的时候，以“听不懂”为由，几乎不去学校。喜豆在学校里比较孤立，但是在外面有很多朋友。这些人带她抽烟、喝酒、参加派对。大毛和二顺经常怪她不去上学，说，至少要把高中读完吧。

“为什么要上学？以后嫁个有钱人就行了。妈妈不也是这样？”喜豆说。

在成人眼里，这个道理非常简单。第一，她妈妈当成家庭主妇不是靠漂亮有手腕，是靠温柔善良，加上别无选择下的隐忍；第二，她爸爸变有钱是个意外，这个意外发生的概率在统计数字上小到可怕。喜豆从小被人伺候，甚至没有意识到，作为家庭主妇的妈妈，连她这个饱食终日的小屁孩的尊重都没赢得到。在离婚前，连丈夫都没意识到这个妻子的家务做得比别人好。更何况从没住过别人家的孩子们。即使在外面是个金发女郎，回到家里，还是终日被挑剔，很少被欣赏。

这显然不是喜豆想过的生活。她想象着一种世界上不存在的生活方式：做些“没什么大不了”的活，保持美丽，收缴工资，拿去买衣服。

“如果能再来一次，我也想当个聪明有知识的人。”格蕾对喜豆说，“但是我小时候，以为女人只有结婚生孩子一种未来。现在，至少别人对你有所期待。”

喜豆说：“现在没有人说你不行，喜欢读书就自己去读啊？”

格蕾：“我……我读给你看！”

格蕾选了函授的幼儿早期教育助理证书。身为一个以英语为母语的人，格蕾的入学测验成绩太低了，还必须读一学期英语才能开始读幼儿教育。无论如何，她开始了久违的上学生涯。看书、写论文、上网讨论、收集资料。

她以前曾经问我：“你们整天上网都干什么？有什么好看的吗？”

做作业让上网查资料，她突然发现，如果有个关心的话题，网上有好多东西可看。

在她读完一个学期英语的时候，奇迹般地，喜豆突然也想读书。喜豆已经跟不上以前的班级，给她办转学，在新的学校继续读高中。

格蕾读这个一年的学历用了两年半。在拿到学历证书的时候，她五十一岁。她要用这个学历去找工作，当个职业女性。

敏子

/赵雷

在这个世界有这样一个女人，我叫她妈妈。

对镜贴花黄的年纪我没见过，留给我的岁月却是最美的。

儿时，我住在她为我建造的童话王国，一砖一瓦都可以肆无忌惮地风生水起。长大后，我想把整个世界带给她，觉得她会一直在我身边。

妈妈，真庆幸我是你身上掉下来的那块连心肉！

01

1992年，我六岁，北京的夏天那时不是闷热的，树荫下总有凉爽的风。知了声声叫着，追着我跑。我妈四十岁，正式步入中年，每天忙碌着穿过我家院子里的一棵大柿子树到厨房，给我和我爸准备一日三餐。

六岁，开始长心眼，有了自主意识，觉得都叫妈妈没什么特点，不能特殊到一叫我妈，大家都知道她是我妈，于是不叫妈妈，直接叫名——敏子。我爸上来就骂：这孩子，没大没小，哪有不叫妈叫名的。

我妈倒是没那么多讲究，就随了我。我整天“敏子敏子”地叫着，我妈也不嫌烦，每次都应我，弄得我爸更生气。

敏子三十四岁才有的我，说不惯着，也是护得要命，就连吃个苹果，也要给我留最大的。

我最爱敏子给我挠痒痒，粗糙的手在我后背轻轻地划上来划下去，每每这时候，我多动的四肢很快就会安静下来，也会很快进入梦里，但是挠痒痒不能停，一停我准醒，敏子说：雷雷，让妈歇会儿，挠几下行了。

我浑蛋地回答：不行，我要挠痒痒。

那时我决定了，挠痒痒是个长期工程，长大了定要找个会挠痒痒的媳妇儿！

02

上小学后，家里设立奖惩制度，每天帮助敏子做一件事，我可以得到两块大白兔奶糖。

“你吃过大白兔奶糖吗？”每次得到糖时，我都迫不及待含一块在嘴里，然后快溢出口水地问小马哥。小马哥听馋了，直接从我手里抢走另一块。于是，我的奶糖美味之旅戛然而止。

馋解不了，怎么办呢？急中生智，我想到骗敏子的好办法。找来差不多大小的石头，上课时间手不闲着，小小声都给磨圆了，把敏子藏在衣柜第三层左手边最角落的大白兔奶糖换出几块，糖纸好好地包上小石头，物归原处。

每次，我不多换，就四块，稳、准、狠！自以为神不知鬼不觉。我还每天帮敏子做事，两块奖励和四块调虎离山，美美地享用了五天。第六天开始，石子糖来了，没有香浓的牛奶味道，没有软软地化在口中，我的奖励，变成永久牌石子糖。敏子问我：糖是不是吃烦了？看你现在也不急着吃了，以后妈不买了。

我的眼泪和血吞：我没吃烦！

这叫什么？这叫自找苦吃。

石子糖的事教育了我：骗人害己，要耐心等待每天两块货真价实大白兔奶糖的奖励。

03

因为入学早，自幼多动、上课不听讲、招猫逗狗、睡懒觉，老师总是把我请到讲台旁，以便粉笔头更准确的命中率。敏子因此成了学校的常客。

那会儿，还记得敏子总是骑着一辆绿色的小三轮车来学校受审。车兜边的铁皮破得就像我踢足球时摔破的膝盖，不忍直视。可她总是不厌其烦地骑这么一辆破烂不堪的三轮车来接我，我躲都躲不开。

老远处就听见她在叫我：雷雷，雷雷。

我尽量装作看不见。

可是我们班和我一起排队放学的女生们可来了劲，纷纷跑过去告状，有的说：阿姨，阿姨，管管你们家小雷雷，他总揪我小辫儿。

还有的说：阿姨，他把我桌洞里的方便面全给吃了。

敏子哭笑不得地回复每一位告状的小朋友：回去我给你们揍他。

敏子当然舍不得揍我，于是买来女孩喜欢的小礼物替我道歉。但在这之后，即便不是老师召见，敏子来学校接我的次数也越来越频繁，“雷雷、雷雷”的声音成为环绕立体声，我干脆一路奔跑，躲开敏子，一头扎进刺猬河，先游上几圈，来个痛快。

饭点回家，看见我狼吞虎咽，敏子早就忘记要骂人了。

敏子很少发火，尤其是对我。

直到那次真的生气：我偷了邻居家小卖店里的一包口香糖，被她知道后，她拿着扫把一边追一边喊，我只能选择男厕所当最后阵地，没想到敏子一路追进男厕所把我拽了出来，口香糖变成了“口香疼”。敏子啊，我再也不敢了。

04

愣头青的青春期，我骄傲地拥有了两枚避孕套，不记得是谁给的了。那时避孕套的意义在一群中学生眼里不是简单的安全措施，而是神秘的力量，含糊且带着诱惑。没有人真正用过，就是揣包里牛气！

男生围在一起斜眼笑着逗弄喜欢的女生，越喜欢越逗得狠，通常以逗哭结尾，谁也没有喜结良缘。

那时的书包各种小兜，二强把避孕套放在最外面的小兜，他说：最危险的地方最安全。我妈基本不翻最外面。

二货，夹在书里才最安全！结果，敏子考我英文单词，两个避孕套欢快地掉了出来。

“这东西是吉祥物，我们班同学都有。”我脸红狡辩。

敏子说：你还没到年纪，千万别害人害己。

两个套为我带来的结果是每逢我离开家时敏子都要唠叨很久关于我不能和女孩子乱来的问题。这也让我在性方面有了更加传统的意识。

05

淘气的男孩，一路心疼爱护追赶的母亲，一年四季，雪雨阴晴，二十个春秋，我长大了。

肩膀开始宽阔，我的世界被理想和翅膀充盈。暂时，忘记了琐碎，忘记了一切，忘记了家。尽情给自己插上一对有力的翅膀，准备飞翔。

借来的700元，让我一路从北京飞往天堂——西藏。那时，刚开通的青藏线在闪光，声声召唤我。也就是那时，敏子的背越来越弯，她不知道儿子已经飞走，她还每天等着电话，家常一样问：吃饭了吗？钱够花吗？

我在西藏街头的公用电话亭打趣：早吃饱了，在西藏呢，一块来吧？

电话那头一阵沉默，我有点心慌，敏子慢悠悠地说：什么时候回来？

两个月以后，我开始想念家里永远都有的满满的大茶杯里的凉茶；开始想念敏子因为我去学的宫保鸡丁；开始想念连排的三间大北屋和敏子嘹亮的歌声。而我，继续一路行走着，在大昭寺晒太阳，在大雪漫天的旷野撒野，扯着嗓歌唱。

一分钱掰成两半花的敏子让父亲给我打了一万元巨款。已经成人的儿子，她怕饿到了。

敏子，我想家了！

信马由缰的拉萨生活是场必经的旅途，路上的光景人事，一年又两个月后的除夕前，我慢慢在讲给敏子听。

衣服都洗干净平平整整地叠好，透着香喷喷太阳晒过的味道。炖的小块牛肉和宫保鸡丁热气腾腾配着白米饭上桌了。

我回家了！

06

2007 年的整个春天，我在录歌，敏子在做饭。录好了小样先让敏子听，敏子认真地指指点点，评价都是好听。我也给敏子录了几首：《春天在哪里》、《草原上升起不落的太阳》，真是青春又有难度。

逢人来我家她就让我给放。先放她的后放我的，邻居异口同声："你儿子就是遗传你的好嗓音啊！"给敏子乐的。她这点小心思，耍得太可爱。

我在家的日子，乐队的朋友经常借口来家找我，和敏子蹭几个包子，吃得满嘴流油。因此，敏子在家最常待的房间——厨房，每天饭香缭绕：不大不小的牛肉馅包子、炉火纯青的宫保鸡丁、粗细适中的手擀面、一面三个摺的水饺……家像极了一间餐厅，有蒸锅上升腾的温度和和蔼的笑容，有周到细致的服务，有吆喝着“起锅了”的妈妈，敏子！

松散的骨头和胖起来的身体在三个月后又开始蠢蠢欲动。我准备动身去云南，这次敏子没问什么时候回来。

儿子长翅膀了，敏子很清楚，儿子需要一片世界去看看，去感受。时间没到，他不会回来的。她悄悄塞钱给我，又怕我饿着。

等我再次回到北京，敏子的眼里我瘦了，我的眼里敏子老了。她的背真的弯了下去，变形的脊椎和变缓的步伐是张岁月说明书！

敏子问：还走吗？

突然意识到，我急着长大的岁月，成了催敏子老的时间。

我决定，留在北京。

时间是场永远比不赢的游戏，前一秒，你还在嫌弃它的漫长，后一秒，像风吹过的沙城，了无痕迹！

从我睁开眼睛看这个世界，这个女人就在我身边。

不管我怎样发脾气，这个女人照样给我做一日三餐。

我的每首歌她都认真听过，随口就能哼出熟悉的旋律。

曾经的我以为她不会离开，等我攒够钱买一辆舒服的小轿车，带着她去欣赏她年轻时没机会看的风景。

可终究，没了时间！

这个女人就是我妈——敏子！

赵老太太

/ 杨葵

七十五岁的赵老太太每天这样度过——

早晨六点睁眼，先喝一杯昨晚晾在床边的白开水，之后并不急着起床，在床上做半个小时腹部和腿部体操。做完操，洗漱清爽，七点要看中央台的“第一时间”节目。看完开始做早餐，常是煮点粥，配以粗粮和三四样小咸菜。

九点，赵老太太下楼买菜。单为买菜其实不用天天下楼，不过她天天去，买新鲜菜在其次，主要想遛遛弯儿。俗话说，饭后百步走，活到九十九。赵老太太信这个。

十点，赵老太太已回到家中，一般会上网看看新闻。她还在理财顾问的推荐下买了基金，所以上网必不可少的另一件大事，是关注基金行情。都说现代人易有网瘾，赵老太太没有，网络对她来说只是工具，接受新鲜事物的工具，也是与亲友联络的工具，几乎每天打开信箱，里边都躺着几份老同事、老朋友发来的邮件，内容多是关于老年健康生活的。赵老太太有时看人家说得好，就再转发更多人。

十一点半左右，赵老太太吃午饭。午饭后小睡片刻，那时宽敞的四居室，是一天中最宁静的时刻。这房子里只住她一个人。

下午时光用来读报和看电视。赵老太太订了《健康文摘》、《作家文摘》等七八份报刊，每天浏览，过不了几天，这些报刊就在屋子一角摞成堆。隔两三个月，赵老太太招呼收废品的上楼清理一次。

赵老太太爱看电视剧，下午电视台会有优秀电视剧重播，一放好几集，不用一集一集地看着揪人心。看电视的同时，还会挑些家务做，择择菜，抹抹灰，也是借机活动锻炼。

赵老太太住在一个六层板楼顶层，很多朋友劝她，年纪大了，住六楼没电梯，爬着多累啊，换个房子吧。赵老太太说，它还帮我锻炼呢。真是，她每天至少爬两趟楼，上午买菜，下午五点左右下楼取报纸。

傍晚的家属院最热闹，老同事们在院里活动或者经过，赵老太太会和他们聊聊天，不时发出爽朗的笑声。

六点准时吃晚饭。吃完收拾停当，开始连看北京新闻和新闻联播。然后又是她钟爱的电视连续剧。这么大岁数了，还是经常会被剧中情节感动，流眼泪。不过也证明赵老太太的心还很活跃。

十点左右，赵老太太洗漱完毕上床休息，忙碌而充实的一天就这样拉上了帷幕。

赵老太太被单位拉去参加健康老人选拔赛，比赛规则里有一条，要选手提供一段展现自己生活的视频。赵老太太常看电视剧，对影视作品结构不陌生，默默在心里打草稿。最终决定，就拍“我的一天”，从早晨起床至晚间休眠，画面有条不紊。画面有了，赵老太太又设计用画外音方式，附加介绍，让观众能更全面地了解自己的老年生活。

赵老太太在画外音里先是介绍自己喜欢旅游，喜欢打太极拳、舞太极剑；又说自己爱好广泛，对新鲜事物都感兴趣，和时代脉搏共跳动；还说和子女、邻里、朋友无不来往融洽，和睦相处，极少有烦心事。

最后赵老太太说：我今年七十五岁，老伴离开我已经十五年了，三个孩子各自独立生活，算是个空巢老人吧。不过，独居老人自找乐，单身生活也精彩。我人老心不老，身体健康，心情愉快。

像老大这样的女人

/ 叶子禾

01

去年八月初，因为一些偶然的事情，我在奉贤区的论坛上看到了徒步户外俱乐部的活动召集帖，其实就是一群人聚集起来，由领队带着，快步走，由于当时的我已经完全依赖上运动后又臭又累的感觉来救赎自己，当即加QQ群，报名参加。

那天晚上走了三个小时，奉贤的大马路和乡下的田间路都走了，走了12公里还是15公里，有点记不得了，两条腿累到麻木，但的确很爽，终于睡了一个好觉。

后来在群里聊天时，说了自己平时也跑步，然后领队大象给我介绍了跑步群的老大，就这样加入了跑步群，也开启了我在上海的另一个朋友圈。

熟悉跑步的人大多都知道跑步圣经网，为了方便同城的朋友约跑，很多城市都有圣经跑团的QQ群，老大的QQ群就是上海跑团中的一个。我在群里活跃了一阵子，但仍没见到群里的任何跑友。

第一次见老大和跑友是九月初，圣经分队和区里长跑队的定期路跑拉练，虽然之前我能在体育场跑10圈，但去拉练个10公里，对当时的我来说，简直是不可能！

最后我还是去了，因为我实在需要去认识一些新的人来忘记一些人和事。

拉练定在早上五点，四点的时候QQ群就开始热闹起来。我四点半出门，黄黄的灯光映着香樟的影子在空无一人的街道上，在大部分人都在熟睡的时候，我就要去挑战自己了，那一瞬间，兴奋异常，心里生出来的是满满的希望。

10分钟后，我在体育场前见到了跑友们，只有两个女的，其余全都是男的，三十几岁到六十几岁都有，因为不熟悉，没有和大家打招呼。

最后到的是一个骑自行车的女人，红色圣经的运动T恤、黑色紧身裤和灰色运动短裤。

大家看见她远远就喊着，“老大，老大”，她笑着在大家边上刹了车。

老大是个身高174厘米的女人，留着比我的头发还短的碎短发，说话办事雷厉风行，说一不二，在一群跑男居多的群体里，没人不服，威信甚高，所以被称为老大，而且几年过去了，地位从未动摇。

她的车筐里放着一大把香蕉，后座上是一箱水，都是给大家跑后补给用的。跑友搬下老大车上的东西放到随行的后勤队员的车里。

她看到我时，问，你是小玉吧？我点点头，说，我跑得慢，也没跑过那么远。

她说，没事，我也跑得慢，一会儿我们一起跑。

老大的话不多，跑起步来，步伐轻快，头上的短发一颠一颠的。

那天其他的跑友跑了20公里，老大则陪着我跑了10公里，我岔气时，就陪我走一会儿。汗水顺着老大的头发啪嗒啪嗒地往下流，她的脸也因运动而变得潮红，不像是三十几岁的女人，更像是一个青春的少女，散发着无限的活力。

老大在我眼里，独立脱俗。

即使三十几岁，有了家庭，有了孩子，却依旧没有被生活的琐碎而变得平庸，不是关心八卦、衣服、妆容，而是一个独立且有着自己的爱好和朋友圈的女人。

那时的我边跑边想，我以后也要像老大这样，千万不能像以前一样一股脑地扑进一段感情而不顾其他，也不能像大多数女人一样全扑在家庭和事业上而没有爱好。

02

跑步的人多数都是热情、乐观的，看 QQ 群里的聊天就能发现。

跑步群时时刻刻都是热火朝天的，里面以开心姐最为活跃，开心姐人如其名，每天都开开心心，是群里的聊天主力，基本上除了跑步和睡觉，天天都能见到她。

大家的话题，从跑步的装备，跑步的姿势到何时聚会，何时约跑，哪里有好吃的好玩的，谁谁谁又有什么苦恼了，各式各样，无不包含。

老大是群里比较特立独行的。

老大平时出现在群里的次数很少。但是每天早上打开 QQ 群，基本都能看到凌晨两点、三点、四点，这种夜深人静到 QQ 群都死气沉沉的时候，老大会冒出来一两句，“还有没有人没睡啊”，“又失眠了”，“喝醉了，还是不困啊（抓狂的表情）”，等等。

这些问话往往很少有人答复，因为大家多数在好梦之中，除了老大。

对于老大的失眠，大家都有些见怪不怪了，虽然经常劝她，但失眠这事情，也不是劝就能好的。

03

过了几天，跑步群聚会，我过去混了个脸熟，楼下坐了几桌，都是长跑队的一群四十到六十几岁的老爷们儿，楼上是圣经群的跑友，相对年轻些，三十几岁。

那天老大带了女儿，她戴着眼镜，个子也不矮，和旁边另一个跑友的儿子在玩游戏，大家喊她“小老大”。

我坐在小老大边上，和她闲聊，无非是，几岁啦，在哪上学，几年级啦。后来她掏了一本杂志给我看，是那种校园类型的杂志，我翻了翻，里面还有些青春类的故事，小孩子们的鬼灵精怪大概都是被这样的书给教坏的。

小老大很懂事，虽然一直在玩游戏，但每上来一道菜，她总是夹一块给老大，老大则在一旁忙着接受大家的敬酒，喝完后扒拉一下碗里的东西，再继续。

一大一小，各有各的忙。

那天临走前，我被跑友们“忽悠”着报了十一月的杭州马拉松。

04

其实我是顶不愿意再去杭州的，原因是去年上半年的一段糟糕的感情，而我和那个主角曾经一起去过杭州。

后来那段关系结束后，杭州成了我的伤心地，懒得提起，不愿再去。

去年上半年，接连有过两段很糟糕的感情经历，并不能算得上失恋。其实失去一段感情或者一个人本不是多么糟糕的事情，糟糕的是接连两次的重蹈覆辙，让我整个人陷入严重的自我怀疑和自我否定之中。

那天，市里的领导和区里的领导一群人，站在城市规划展示馆的土地利用总体规划图面前，参观的人物比较重要，电视台的摄像机也在前面架着，我腰里挂着小蜜蜂，左手拿着麦，右手拿着激光笔，红点落在图上新区的范围，我却忽然停了下来，一群人在屏幕前干瞪眼，等着我往下介绍，我也在等着自己说出点什么话来，区里的接待领导对我挤眉弄眼，但我脑子一片空白，完全不知道该说些什么。最终是区里的领导解救了我，圆过了那张图的介绍，我才得以带着他们进行接下来的参观。

而在那之前，我在过去的一年里基本每周都会义务地做两次讲解，那天不过是像寻常的日子一样，不一样的不过是前一天，我又被断了一段关系。

前一天的晚上，他在微信上说，你忙不忙？

我潜意识里大概觉得有些不好的事，我说，忙。

他说，那等你忙完了。

一直拖到十点半左右，他又问我，忙完了没？

老娘根本就不忙，但老娘就是不想听你和我说话行不行啊？但我大白羊的性格被我压制住了，这全拜更早之前的一段糟糕经历，说来都是血泪史。

最终他还是打了电话，那是我们确定关系的半个多月内，第一次煲电话，也是最后一次。他说，我们不合适，你在工作，我在读书，我不想再用父母的钱去谈恋爱了，而且我明年就要出国去德国了，所以，小玉，对不起。

他一口气说完，没有停顿，我听不出“对不起”三个字里的愧疚，那三个字更像是他对他自己的解脱。

如果是半年前，或者是更早一点，我多半会说，去你大爷的！滚蛋，谁稀罕你啊！你个没种的玩意儿！

但半年前的血泪史，已经让我深深地陷入一片混沌之中，所以作为学长的他约我时，我才忘记了自己曾是外貌协会的一员，对一个可能身高170厘米都不到且有些微胖的他，竟有一种快要沉溺的人抓住了救命稻草一样的感觉。但要知道啊，我也是个身高168厘米且身材可以的女子。

那个电话的后半场，我竟然乞求他不要去结束那一段曾经连个问候都没有过的关系。我听到我自己颤抖的声音，说：“我不要结束啊，你在读书，我有钱啊，距离也不是问题啊。”

我怕被室友听到，躲在被窝里，艰难而卑微地乞求着一段畸形的感情，或者其实连感情都没有过。可住在一个房间里，她肯定也是听到了。后来我一直在心里感激她，没有问起我任何事。

那天接待结束后，我没回单位去上班，而是直接回住的地方，我给好朋友韩正扬打了电话，我从来都很少给别人打电话，那天却和韩正扬哭了好久。

韩正扬问我为什么哭为什么难过。

我说，我就不明白了，像我这样没有恶习，爱好广泛，勤奋向上，积极阳光，热爱生活的好姑娘，凭什么他们要这样说来就来，说走就走，就因为我是外地的姑娘，就因为我长得不好看，就因为我什么都做得不好，就因为我什么都没有吗？

是的，我不明白。

韩正扬说，你是真的很好啊，他也是真的不喜欢你啊，你为这样的人这样痛哭，不值得的。

那通电话，最后也没能解救我，因为韩正扬还在设计院里匆忙地改着甲方的图，而我也觉得我那已经被撕碎的心，无人粘得起来。

从那之后，我又开始睡不好觉，记忆力也衰退了，脑子里经常一片空白，工作也提不起精神，体重再次下滑到了 90 斤，每天都不知道该做什么，不知道该说什么。

但我也知道我不能一直这样下去，我试图做了很多事情去自救，旅行画画看书，咋咋呼呼地和一起旅行的人玩，天天大吵大闹不停歇。总之，不敢让自己一个人，不敢让自己闲下来。

这样的我，一直到八月徒步和跑步之后，才真的慢慢好了起来。

05

后来的杭州马拉松之前，因为连续加班，我得以和领导请了两天的假，提前去了杭州，既然要去，就来场告别好了。

我一个人在杭州吃喝玩，大概每天都和跑友在 QQ 群里聊天，也没那么难过。我住在中国美院边上的青旅，出门便是西湖。晚上跑完步我坐在湖边的椅子上，在群里和大家继续聊天。

听到我在群里说我在西湖边发呆，老大忽然说："我曾叼着烟在西湖边上坐了很久，不是赏景，不是发呆，我大半夜的坐在湖边，只是在考虑怎么下去才能死得痛快一点，并且不被发现。"

我想她那时一定过得很不好，对生活，对人，一定都很失望。不是谁都有勇气想要放弃自己生命的。我感觉自己那么伤心难过的时候，也没想过死。

后来老大并没有去死，也没有再尝试去死，是因为小老大。

那是我第一次听老大在群里说起以前的事，一时间大家不知道说什么好，她又发了一条："唉，都是过去的事了，玉妹，后天我们一起跑马啊！"

"好啊好啊！"我欢脱地在群里叫着。

06

其实老大经常喝酒，和同学聚会去喝酒，自己在家里喝酒，总是能收到她喝酒时在群里发的照片，附上一句：和XXX在XXX喝酒！再来一瓶！

喝醉后又在群里发消息嚷嚷："啊，又喝醉了！怎么还是睡不着啊？！"

老大的酒量很好，几次聚会上的拼酒可以证明这一点。啤酒、红酒、黄酒、白酒，她都喝过，每次都把别人喝趴下后，自己仍能屹立不倒，走着模特步去柜台结账。

但是即便喝了好多，她依旧经常失眠。难得听到一次她睡得好了，大家都要在群里鼓掌撒花，为她庆祝一番。

07

关于老大究竟有过怎样的过去，没几个人清楚地知道。前面说了，跑步群，大家的话题基本都是积极向上，很少提及谁的痛处。

只是从蛛丝马迹中获知，小老大还很小的时候，老大就和丈夫结束了婚姻，后来带着小老大和妈妈一起住，一个人照顾老小，生活不清贫，也不富裕。

也不知道经过了多少无眠伤心的夜，又经过了多少次的想要放弃生命，老大开始跑步了，后来建了跑步群，群友从开始的一个到后来的一百多个，加上和区里长跑队有了联系，最终成立了跑步圣经的奉贤分队。

此后，周边城市的马拉松赛和各类城市跑步比赛，总是少不了跑步圣经奉贤分队的旗帜，而老大则忙前忙后，和几个组织者一起，联系赛事，为大家争取报名的名额，安排车辆，预订住宿和餐馆。每次大家都能在挤破头的比赛中报上名，又能舒舒服服，毫无后顾之忧地参加各项比赛，老大和几个组织者，功不可没。

老大从不邀功，也不喜欢大家夸她，大家聚餐时，对她敬一杯酒，她就打心眼里高兴，老大笑得豪迈："大家跑才是真的跑啊！"

08

今年春天的时候，老大的母亲生病住院了，老大一个人，一会儿跑医院一会儿跑家里，老的小的都要照顾，常常在大家都在吃饭的时候，看到她群里发运动路线图，是她跑步去医院看老太太的路径，然后半夜的时候又看到她在群里发图说，吃晚饭。

大家心疼老大，但总归各自有生活，帮不了太多。大家都希望老大能早点找个依靠，老大也曾经在结束婚姻后，又交了几个男朋友，但终因种种现实的原因，没能最终在一起。

跑友轮番帮老大带了几天女儿，老大又前前后后奔波了大半个月，最终老大的母亲稳住了病情，被老大接回了家。

老大没抱怨过，没说过什么放弃的话，只是倔强地撑着，做着母亲和女儿的依靠。也可能是她知道，软弱和哭泣没什么用。

现在的老大依旧没有找到一个归宿。她还是时常睡不着觉，偶尔和大家喝酒，也依旧每天跑步，有时候沿着马路跑，有时候去体育场，她的朋友圈里每天都在分享自己的跑步轨迹和跑步信息。

跑步并没能给她一个避风的港湾，也不能让她的每天睡得更好，但跑步给了她一个好的身体和一个爱好，还有一群喜欢和支持她的跑友。

09

后来我终于坦然于那些过去，我分析自己在那一年的状态，可能是第一段血泪史太沉重，所以我总是想借助于别的什么事和人来证明自己，来解救自己，所以才想要紧紧抓住那个第二段的人。

可惜，那时的我还不知道。其实一段坏的关系结束时，能解救自己的，只有自己。没有人愿意去解救你，也没有人愿意帮你，每个人都在等着遇见那个成长到刚刚好的人，大家都很忙，忙到没时间给你搭一把手，也都很急，急到看都不会看一眼身边快要溺亡的人。

而我的那些自以为很伤心很艰难的事，和老大在琐碎生活中的坚强比起来，终归是轻若鸿毛。

唯一一样的是，我们都曾是那个半夜舔舐自己伤口的人，幸好，最后我们都好了，带着伤疤，却终于不疼了。

想起初见老大那天，她骑着那辆旧旧的女士车，有点歪了的车筐里放着她提早买好的香蕉，体育场门前有个小坡，她用力蹬车的样子，单薄而坚韧，在晨曦微露的九月天里，明丽动人。

老大是个女人，但也是个坚强勇敢的女人，像老大这样的女人，即便失去了些什么，也注定该得到更多。

而我希望，老大能够找到那个可以相依的人。

二十二年的恋爱

/夏浅

爱情这东西，确实很多时候总会让人失望，让人对它失去信心，怀疑它的存在。因此，谨以此文献给那些对爱情失去信心的小伙伴。

这是我所看过最好的恋爱，他们谈了二十二年。

故事的主角是我最亲爱的人。我的爸妈。

爸爸今年四十六岁，妈妈四十三岁。妈妈是初恋，爸爸在妈妈之前有过一个女朋友。他们是自由恋爱，爸爸追的妈妈。恋爱不到一年，结婚已近二十二年。可是在我看来，他们至今还是在谈着“恋爱”。

妈妈是那种在你一无所有的时候陪在你身旁的女人。

妈妈其实长得很好看，当时是有比爸爸条件好的人追妈妈的。只是妈妈选择了爸爸，他们结婚的时候，爸爸家徒四壁，什么都没有，只有债。妈妈说结婚那天，妈妈等爸爸去接她，等了半天没来，差点坐公交车自己来了。我的妈妈呀，你是有多心急想要嫁给爸爸呢？

爸爸是那种大男子主义很强，却把你宠成孩子的男人。

当时家里很穷，爸爸也不让妈妈去工作，二十多年来，妈妈都是全职的家庭主妇。其实我妈很多时候就是一小孩，而这样的结果，完全是爸爸宠出来的。

举个例子，我们家现在经济状况好了好多，妈妈想要买什么，爸爸从来不会反对。去年，妈妈想买枚钻戒，之前就有提过。然后情人节的时候，全家去逛街，妈妈就去专柜看了，看中了，妈妈手里是有钱的，本打算自己付钱买。结果付账的时候，爸爸很干脆地付了钱。虽然是妈妈提出来要买，但妈妈还是特别开心，因为她觉得这也算是爸爸买给她的。大抵钻戒这种东西，对女人来说，总是意义不同吧。

后来回家的时候，爸爸说，其实买钻戒没有买黄金保值，没什么用，因为妈妈愿意买他也就没吱声。我才发现，先不说爸爸说得对不对，但是其实他的观念里，并不认同买这个，只是因为妈妈想要，他就什么都不说给她买了。固然爱不爱一个人不能全部用物质去衡量，但是当一个男人尽管不认同你，只是为了你开心而顺着你，给你买东西，这难道不温情吗？

爸妈之间的相处，让我觉得他们就像是两个老小孩。爸爸脾气好的时候特别好，四十六岁的人了，还会跟着我和妹妹又蹦又跳的，搞怪耍宝完全不在话下，每每这时，我妈都会在旁边笑得眼泪都出来。我妈就会说，我们家有三个神经病。但是爸爸压力很大的时候，脾气又暴躁得不行。然后有时候就会和妈妈生气，口不择言地骂妈妈。妈妈就会和他冷战，不理他，只是每次不超过两天，爸爸总能死皮赖脸地有办法哄妈妈和他说话。冷战就会宣告结束。

高考结束那年，爸爸压力很大，两个人吵架，吵得很凶 。在冷战之后两个人还别别扭扭的时候，爸爸突然出事生病了，那天爸爸做了一晚上的手术，妈妈只是在外面等着，不哭不闹，就是发呆，不知道在想什么。妈妈其实很爱哭，我觉得我泪点低这事，完全遗传我妈。爸爸那时伤的是四肢，快天亮的时候主治医生出来了，说手术很成功，护士在里面做后续工作，一会儿就出来了，让家人放心。然后一直没哭的妈妈坐在那里突然就哭了，眼泪哗哗地流下来。她喃喃念着："这得遭多少罪啊。"一颗心悬起来的时候，妈妈连哭都忘记了，当终于放下心来，妈妈哭，是因为心疼爸爸的疼。

后来爸爸住院住了很久，躺在床上不能动，妈妈废寝忘食地照顾他，低声细语地哄他。说起一些事情时，两个人会默默地一起流眼泪。爸爸很烦躁的时候当着很多人骂妈妈，妈妈只能尴尬地笑，也没法跟他生气，依然那么照顾着，只是会私下里偷偷哭。妈妈其实自尊心很强，最怕别人骂她，经常会恼羞成怒。但是因为爱，所以心疼，所以理解，所以忍耐。

爸爸和妈妈吵架的时候，还超级爱摔东西，这么多年来摔过的东西不计其数。来家里劝架的亲戚骂爸爸："总摔东西算什么能耐？"我爸说："我不摔东西怎么办，和她打架她能打过我吗？打她不打坏了吗？我有气也不能就这么憋着啊。"

爸爸和我聊天时说："你妈离开我就不能活，到什么时候都不能给你妈扔了。"他说这些话的时候从来不会当着妈妈，可正因为如此，才让我知道真的爱一个人，不是当面哄着你甜言蜜语，而是把爱你护你放在心里。

这几年，虽然没有以前那么穷困，但是做生意的都知道，一般家里都会有一些贷款什么的。我们家就是这种情况，压力很大，日子过得不能算好。前几天，妈妈打电话给我说："等再过几年我就跟你爸离婚，跟他过不了。"我问为什么要过几年呢？我妈说："现在家里情况不好，我不能不要他啊，等咱家情况好点就跟他离。"我逗我妈，人家都是不好的时候携款潜逃，你这不正常啊。我妈就说："不行，我现在不能。"可是那个在你所有不好的时候不离不弃的人，又怎么会真的离开你呢！

妈妈因为提过想给她的一个吊坠买条链子，爸爸在过年的时候就偷偷让我的堂姐挑了一条送给妈妈，妈妈收到礼物很意外，跟我说给我看的时候眼睛里都是笑意，就像个恋爱中的少女。我打趣道："我爸是不是做什么对不起你的事情了？"我妈继续笑："没准。"但是我为什么隐约看到了妈妈眼里闪着泪光。哎，没有男朋友的我真的很嫉妒！

吃饭的时候，只要爸爸在家，妈妈永远是挑爸爸爱吃的菜做。而我和妹妹就被忽略了。妈妈不吃辣，爸爸却很能吃，有时候妈妈吃饭中途出去，爸爸就会偷偷往妈妈碗里放辣椒，然后装作若无其事在吃饭。每次妈妈都被辣得泪流满面地骂爸爸。

而爸爸几乎很少在外面过夜，因为工作出去的时候，也常常带着妈妈一起。堂哥说，他跟朋友一起去洗浴中心按摩，别人按摩，我爸却吼："离我远点，我要睡觉。"然后他就睡觉了。

我的爸爸妈妈，会对对方好得让我这个女儿嫉妒。他们会经常一起去电影院看电影，虽然不得不带着我妹妹这个九岁的拖油瓶。他们会常常吵架拌嘴，像小孩子一样为了连我都觉得只是小事的事情。可是却又彼此那样地爱着对方，像是恋爱中的情侣一样。

这么多年，虽然我还没找到我的爱情，谈过的恋爱也无疾而终，可是我却一直相信爱情，因为我能感觉到，它真的存在。

它就在我身边。

永远勇敢的小鱼

/ 花皮瓜

我在圣地亚哥交了一群比较固定的女朋友。

她们跟国内我的女朋友有很多不一样。首先，她们年龄都比我大，在五十岁以上，跟我同龄的都在养孩子上班。其次，她们大部分都有孩子，而且孩子都成年了，在国内属于空巢老人级别。再次，她们自己的职业早就稳定，有自由时间。这些职业都固定在某些领域，律师、心理医生、老师、房产经纪、会计和自由职业，属于收入不错的中产。然后，她们都来自五湖四海，每个人都能讲几小时自己的故事。其中最有意思的，有乌克兰来的心理医生 Hrysso，秘鲁来的房地产经纪人 Violeta，祖父从斯洛伐克来的历史老师 Cathy，美国南部阿肯色州来的全家除了她都歧视黑人的 Ginger，女权主义者 Samantha，匈牙利来的和伊朗人结婚的 Jessica，刚和丈夫复婚的会做美得不可思议的各种蛋糕的 Jennifer，温哥华来的外表文静实则疯狂的 Adele。最后，最重要的，她们还都爱旅游和户外。

尽管在圣地亚哥的头几年，因为不工作，天天在家看书，经常觉得与社会没交集。但我一直也不是个很热衷社交的人。在跟邻居打交道的想法破灭以后，我听从张发财的建议，去最有名的同城网站 Meetup 上查，发现这里的社交活动简直多得数不过来。从吃喝玩乐到哲学、神学、外星人、巫婆爱好者，都有人组织。这倒一时难住了我。

我后来试过几个活动。先是参加一个女性读书爱好者俱乐部，每个月读一两本书，然后去聚会分享心得。第一次参加这种活动我紧张极了，怕英语不够好，又怕我不懂这里的文化，把握不好说话的分寸。结果我完全错了，那天讨论的是一本著名的回忆录《玻璃城堡》，讲一个在父母都有某种程度的心理问题家庭下长大的孩子的故事。人们那么坦诚地交换自己的家庭背景和成长过程，根本想象不到，美国人这么注重自己的隐私，却又如此开放地与陌生人分享心灵层面的感受。那天一共八九个人，我们谈了整整三个小时。大家都对我好奇极了，我就像是一匹横空出世的黑马，从遥远的中国空降到美国，带来当代中国的家庭故事。在此之前，她们都只是从美国的华裔女作家

Amy Tan 的畅销书《喜福会》里看见中国。我的英语也完全没有遇到问题，虽然其实我还是有时候找不到合适的词，只能用更简单的来代替，或者有些词我读过却发音不准，听的人都愣一下，再问一遍，才恍然大悟，然后告诉我正确的发音。但那天的活动完美极了，它给我在美国的社交生活探险，开了个美妙的头。

后来我胆子大起来，又去参加了其他的活动。有一个“讲故事的人”小组，每个月大家聚在一起每个人讲一个故事，在那儿我认识了一辈子探险，去过无数国家，在中国待过好几年的 Ron 和他性格温和的儿子，参观他老年公寓里的收藏，听他那些神奇的故事。还有一个给棋类杂志写专栏的老头子 Mike，写很棒的小说，却不发表，只读给我们听。另一个坐在轮椅里的残疾姑娘莎拉，有种健康人难敌的激昂态度，让人刮目相看。还有个喜欢科幻的年轻人，我忘了他名字，脑子里净是些我理解不了的奇怪故事。

我也遇到过一些并不合适的小组。有一个总是晚上聚会的读书会，大部分是白天上班的年轻女孩，她们喜欢很“酷”的故事和玩笑，看各种励志类图书，比如“你如何在 30 天里改变自己的一生”这类的。我在这样的一圈人里就会手足无措，不知道怎么接她们的话。还有一个新搬到圣地亚哥的年轻姑娘的群，第一次我参加她们的活动，在公园门口见面，就没等到人，我等了一小时，打电话发短信都没用，只好放弃了。

最后我找到这个本来是工作日徒步锻炼的群体，发现她们也有读书会，而且是在人们家里，每餐必有红酒美食，而且她们新主意多极了，一会儿去做义工，一会儿去品酒，一会儿还集体皮划艇。从那时候开始我就没再去试过新群体了。“好奇心”是个很有意思的词，因为它可以指向的范围太广，在成年以后，我对于人的好奇渐渐淡下来，因为其实这世界上的人，本质上都差不多，有意思的人却并不多。而与合适的人在一起，可挖掘出很多更深的东西。

最后我交上的这些朋友，与我在中国的朋友，无论是背景、历史、文化，都太不一样。比如，昨天我去 Ginger 家吃午饭，聊得热火朝天，话题涉及家族血统，世界各地的旅行经验、夫妻关系、亲子关系、种族政治。我照旧是她们好奇心的目的地，各种关于中国的传言都要跟我证实。我对她们也有很多问题，比如，为什么我们会成为好朋友。Ginger 说，Jin，你知道，我们这些人其实都是自己从家里出走的，所以我们的老家已经在身后，我们的父母孩子都很遥远，所以我们这些朋友就像家人一样。

所以，其实还是物以类聚。我曾经很害怕离开我的朋友，因为我想世界上再也没有跟我一起长大，一起读书，一起胡闹，分享记忆的人了。但这世界这么大，我只是汪洋大海里的一条小鱼，一条小鱼永远不会找不到属于它的鱼群。小鱼需要的只是勇气而已。

昨天回来，我收到 Adele 的邮件，她在知道发财生病以后一直很关心我，总是想办法逗我开心。这次她给我看一个她们最近编的视频，故事的背景是，有个叫 Kathy 的女朋友，无论多么难的徒步，都不穿运动衣，每次都打扮得花枝招展，雪纺裙、花边草帽。在美国这种情况太罕见了，她好玩极了，完全不觉得自己有什么不好，每次都说“我就是这样”。于是有一天，她们商量，去徒步的时候要全部穿成 Kathy 那样，看她会有什么反应。结果她大叫：“啊，你们都穿得太好看了，我今天穿得太不正式。”完全没有觉得，大家是故意逗她。徒步结束的时候，她们在喝茶的地方，表演了一个自编自演的节目，题目就叫作“穿得像 Kathy 一样”。视频里就是那个表演的录像。

我看得笑死了，这些女人按中国标准，都年过半百，儿孙绕膝，却还这么天真烂漫，让我觉得温暖，觉得人生充满了希望。

就让我做一条永远勇敢的小鱼吧。

七妹

/ 五月

母亲生下她来，她是家里的第七个女儿。

父亲迅速地看了她一眼，就去了镇上的小酒馆。凌晨两点回到家，酩酊大醉。是大姐和二姐把妈妈和小妹妹从医院接回家。大姐把妈扶进车里说：妈妈，你躺着，我来抱 Seven。

从那以后，大家叫这个最小的妹妹 Seven——七妹。

爸爸一个人做工，在他们自己的农场。

妈妈曾在小学教书，可她的工资不够交几个女儿的托儿费，全职在家看带孩子成了更为经济的选择。七妹就这样在妈妈的围裙下长大。

还不会走路的时候，七妹就已经会看父亲的眼色。父亲没有跟她说过话。她总是绕着父亲走，蹒跚学步的时候，意识里就知道自己是多余的。

妈妈可不这么认为。

爸爸早晨一出门，妈妈就欢天喜地地唱起歌，边唱边拉着七妹的小手在狭窄的客厅旋转。妈妈牵着七妹的手去果园里拾回来成筐的苹果，回家她帮着妈妈烤苹果派。她站在一只没有上漆的木凳上，刚刚能够到案子上的面团，满脸满手都是面粉。

六岁时七妹没有去学校念书。从她出生起妈妈就给她读书，六岁的时候，这些书她都能自己读了。很多书她会一再看，有的甚至会看三遍五遍。

他们的农场很大，小小的七妹根本没有搞清它有多大，总之是无边无际。农场的田野里清脆脆地长满了玉米、黄豆，还有大片果树。那些是爸爸的领地，他用很大的机器在里面工作。

妈妈的领地里有菜园、花园、鸡场和鸡圈旁边的几头牛、几匹马，两只七妹心爱的南美骆驼和两只色彩浓郁的孔雀。

一年四季，七妹提着一只小篮子，跟在妈妈后面去捡鸡蛋。鸡们并不喜欢用给它们指定的产蛋窝，它们喜欢漫山遍野地跑，这让七妹十分欢喜，她循着母鸡们的足迹，走遍了农场的每一个山坡和每一条小溪。就这样，她数着鸡蛋学会了算术。今天一共收了多少只，把 50% 拿到农贸市场卖掉是多少只；剩下的把 20% 给奶奶送去是多少只……

七妹长到十六岁的时候，是个身高 170 厘米的修长矫健的美眉，卷曲的金发像阳光一般洒满肩头和后背。她背着大包和一群家校[①]的少年去考 SAT[②]，这群人里有约书亚，一个瘦长的红发青年。考场上他们的桌子离得很近，约书亚时不时停下来看她一眼，直到七妹说："你好好看题。考不好我可不负责。"

七妹做完试卷，放了一张小字条在约书亚的手边，背起包走出考试中心。母亲给她吩咐很多差事，去镇里的药房给妈妈拿类风湿止疼药，去银行存上卖小鸡卖鸡蛋和卖菜的钱，去店里买一块做工装裤的蓝布，最后给爸爸买半打啤酒，并在格兰街的面包房门口，按时等姐姐开车来接她。

约书亚打开字条，是七妹的电话号码。

七妹被三所大学录取，其中有北方的波士顿大学，那也是约书亚要去的大学。

妈妈高兴极了，七妹却犹豫不决。她不想离开妈妈，她是妈妈的腿，替妈妈东跑西颠办很多事。她问约书亚，她走了谁来做这些？姐姐们有的出嫁，有的去外地工作，有的忙自己的家庭和孩子，没有人来陪母亲，可母亲现在需要人陪。

春末的一个傍晚，七妹和母亲坐在前门的木亭里。母亲在织毛衣，七妹在看一本书。寡言的父亲拿着一瓶啤酒，从屋里走出来，坐在七妹身后的摇椅里：“你去波士顿。就这样定了。你妈有我呢。”他侧脸看着远处的乌云，看来要有一场雨。

母亲呵呵笑着，拍拍七妹：“你爸说得对。呵，sweetheart，你放心去吧。”

七妹没有回头。她的嗓子里有什么东西在翻卷，说不出话来。

母亲说过，七个女儿里，七妹的脾气最像她爸。

四年后，七妹大学毕业，进入本州的普渡大学攻读农业硕士和博士。她挑选这所大学，是为了离家近，可以常常回家看母亲。在研究院里，她和约书亚结了婚，两年后，他们有了一个女儿。感恩节和圣诞节他们回家乡，和家人共享天伦之乐。

每一次回家，七妹都会注意到母亲的身体变化。她的腿越来越肿胀，行动困难。父亲也老了，行动不如以前那么灵敏，他甚至请了两个短工帮忙。

七妹三十一岁的时候，终于读完了博士。她和丈夫带上两个孩子，回到家乡。

她没有找到一直想做的大学教授职位，而是在本地的中学谋了一份教化学的工作。七妹很满意，她每周都可以见到母亲，更重要的是，母亲每周都能见到两个外孙。七妹用夏季的长假，带着一儿一女住在农场里，帮父母做工。孩子们提着篮子，跟在她身后去捡鸡蛋，然后他们到农贸市场去卖掉。

母亲做了换膝手术，行动比以前好了很多。夏日的傍晚，卖完鸡蛋和蔬菜，七妹带着母亲和孩子去蓝房子吃冰淇淋。夕阳的余晖里，七妹望着母亲过早花白的头发，伸出手，摸了摸妈妈的脸："妈妈，我打算辞掉工作，回到农场和你一起做工，和从前那样。"

母亲摆了摆手："你说什么呀，听说你有可能去圣母大学做教授。我知道你一直想做教授，你应该去。我和你爸爸会很高兴。"

七妹无奈地笑了一下："爸爸会在乎我做什么？"

母亲布满皱纹的眼认真地看着七妹："你父亲很爱你。他为你骄傲，你是我们两家加起来第一个博士，他很为你自豪。你一定要知道这一点。"

七妹扭开头，没说什么。

母亲看着女儿依旧清秀的脸，她的额头上似乎有两道浅浅的抬头纹，皮肤被农场的骄阳晒成了健康的小麦色，卷曲的金发不如以前那么浓密，被她剪得很短。女儿放在桌子上的双手已经开始粗糙，农场的活计会使任何娇嫩的人变得粗粝。

又一年过去。

初秋的一天，七妹和约书亚带着两个孩子开进农场的石子路。他们把几件新买的工具从车里拿出来，放进屋后的仓库。

晚餐后，七妹看着父母亲说："我和约书亚做了认真的考虑，我们共同决定我辞去教职，回来和你们一起工作。约书亚在公司做得很好，他新近又得到提升，他的收入足以养活我们全家。"约书亚搂着七妹的肩膀，看着岳父母微笑点头："是的。这是我们的决定。我们为此很兴奋。"他侧过头看着妻子，亲了亲她的耳朵。

七妹对父亲拿不准，不知道他会做什么反应。她看看母亲，看看孩子，转过头看看约书亚。七妹在等父亲发言，她想他最好说点什么，最好把火发出来。这是他们的农场，他如果不接收我，那我只好回去教书。

父亲干咳了一声，清了清嗓子："嗯，我早就知道，你是我们唯一能指望的。"

七妹把脸埋在约书亚的肩膀里。

很多年过去，七妹的两个孩子离家上了大学。一个冬天的暖阳日，母亲躺在摇椅里睡去，再也没有醒过来。五年后，父亲也跟着母亲去了。

七妹的身体变得粗壮，她的一条腿几年前从拖拉机上摔下来，走路跛脚。

父亲去世两年后，她把农场租了出去。以前工作过的学区请她去做学区总监，她在那里一做五年。我就是那个时候认识了她，她请我去学校讲中国的学校和学生，他们暑期做什么，他们读什么书。

五年后，她收回农场。丈夫从公司里退了休，他们搬进了农场的小屋，那个她出生长大的地方。

他们没有精力照顾所有的动物，留下几只鸡和家里的三只猫、两条狗，把其他动物拉到集市上卖掉了。

去年初冬，约书亚被诊断为胰腺癌。我去医院看他，七妹正在给他喂酸奶。她见到我很高兴，放下酸奶上来给我一个大大的拥抱："约书亚看到你胃口会大开，一盒酸奶可能都不够了。约书亚，你还会吃点黑豆汤，对吗？"说着，七妹给我挤挤眼。

三个月后，约书亚去世。葬礼后的宴会上，七妹拿着酒杯，感谢大家的支持和参加，感谢朋友家人的帮助，最后，她举杯望天："约书亚，亲爱的，感谢几十年来你对我的支持，对孩子们的支持，对我父母的支持。没有你，就不会有我们的一切，不会有我们的农场。我爱你。等着，我会加入你哈！不过要等几年，我现在还挺留恋地球上的生活。哈哈哈！”她向空中送了个飞吻。

这是我参加过的最具庆祝气氛的葬礼。七妹庆祝约书亚丰满幸福的一生，讲他们五十九年共同生活的趣闻逸事，他们年轻时偷偷溜出家里月下约会，他们在波士顿美好浪漫的四年。我没有见过约书亚年轻时的模样，教堂的大厅摆了十几幅约书亚从婴儿到去世前两年的照片，我一张张细看，那个一头红发的颀长青年栩栩如生，我几乎不能相信一个人可以老成这样，老得根本看不出年轻时的样子，一点都看不出。

上周，七妹请老老少少十几个姐妹去她家午餐。这是我第一次去她农场的家，车还没有接近大门，四周青绿的玉米已经迎面扑来，再往里走是花园、菜园。大门边两只金黄色皮毛的大狗跑出来迎接，非常温驯地嗅着我的裤脚。

七妹住的是一所宽大的平房，屋檐舒展低回，几乎带有日本庭院风格。看到我走近，七妹一拐一拐地走上前和我拥抱。有几个姐妹已经坐在客厅里喝冷饮，我把带来的新鲜蓝莓递给七妹，开始环顾四周。

敞开式的客厅是黑色的核桃木地板，有一架老钢琴，原木茶几的周围是一圈舒适松软的浅褐色沙发，沙发上有几幅照片，有点发黄了，是旧照片，我的眼光被这些照片吸引。

我曾迷惑为什么会对旧物生出恋情，是我在老去吗？是我不再瞻前了？是我放弃希望了？是我的生命停止了？那一刻我明白，是旧物粗糙和剥落的后面，深藏着的温暖动人的故事，人生的故事。

我永远不会为人生爱与恨、生与死的故事释怀。

一张大照片里，有个苗条修长的女孩，她卷曲的金色长发在阳光里熠熠发光，头顶的粉色花环给她增添了公主般的高贵。她回眸一笑的瞬间千娇百媚，是一种令人陶醉的甜美和单纯，她丝一般的白纱裙在风中飞舞，露出洁白匀称的小腿。另一张，是年轻的约书亚和这位金发少女，手拉手逆着光，在五彩的野花原野里奔跑。这位美丽的金发少女是七妹。

有时你面对一种美，会有落泪的感动。

我走过去抱住七妹的肩头，我说："七妹，你真美，你是我见过的最美的人。"七妹哈哈大笑："不美了，我又老又跛，还美什么？"

坐在沙发上的乔安说："七妹是本地有名的美女。不但美还聪明！"

帕特里莎大声说："不但美、聪明，还能干善良！"

一直在微笑的辛迪柔声说："还心胸开阔，宽容大度。"

大家都安静了，十几个女人都在点头："是的，是的……"

七妹过去拍拍辛迪的肩膀："没有啊，没有。不说了。"

二十几年前，七妹在农场和父母挥汗如雨的时候，约书亚和辛迪有一场短暂的恋情。约书亚向七妹忏悔，求她原谅，七妹说："我理解你，辛迪是个好女人，你怎么可能不爱她呢？"

约书亚找到辛迪，对她说他这一生爱的只有七妹，永远只有七妹。

七妹和辛迪一直是好朋友。

七妹已经七十九岁了。她是我见过的最美丽的女人，依然是。七妹让我懂得，优雅地老去不是用化妆品挽救皮肤，消灭皱纹，不是饥饿疗法，保持柳条细腰，不是珠光宝气，涂脂抹粉。优雅地老去是开朗豁达，平和善良，宽容接纳。优雅地老去是七妹。

七妹是我的朋友，她的名字是戴安·彼得森。

---

①家校：家庭学校，即在家教育。

② SAT：美国学术能力评估测试。

可爱女人

/苏颖

第一次遇到小向姐，是在学校的青年湖边上。那时我正坐在湖边的五羊亭里，抱着一本考研英语必背词汇，凝神。小向姐和另外一个很漂亮的姐姐一起走过来，问我："同学，你知道哪里有卫生间吗？"我清楚地记得，那时小向姐背了一个大大的看起来很重的黑色双肩包，像是随时能把她瘦小的身子压倒一样。我指了指图书馆说："哦，图书馆一层的自习室就有，不过有点绕，我领你们去吧。"小向姐可能是怕影响我看书，忙说："不用不用，你告诉我路就可以了，我能找得到。"我笑着说："没关系，我正好也要去，顺便带你们一起去咯。"小向姐笑着，用她那不标准的普通话说道：“哦，这样啊，辣（那）麻烦你啦。”我合上书，也朝她笑笑：“不麻烦。”

走去卫生间的这一分钟聊天时间里，我大致知道了她的情况，香港人，来内地帮朋友的公司做金融方面的工作，听说我们学校风景很好，所以这一次和朋友一起来郊游。另外，她是一名基督教教徒。

其实香港很多人都是有宗教信仰的，文化开放、经济开放的城市自然信仰也是开放的，当然符合前两者的城市很多，但符合后一条的城市却寥寥可数，香港是比较难得的一个。在时代广场上，每天都有基督教、新教以及其他社团的义工在发放资料。小向姐问我是否有兴趣了解基督教，我犹豫了一秒然后说道：“不好意思，我是无神论者，所以……”

原本担心她会因为不同信仰而生疏远离我，但是没有，小向姐依然微笑着，用温柔的声音说道：“哦，我明白，没关系，信仰是自由的。”

“但是，我对圣经很感兴趣。”我接着她的话说。

“哦？是吗？那很好啊，我们之后可以一起学习《圣经》。”小向姐还是微笑，微笑着说。

就这样，每个周末，小向姐都会来学校找我玩儿，给我讲解《圣经》，每次不是给我带盒巧克力就是把她新做的小点心带给我吃，而我也会经常送她几本我喜欢的书。我们的友谊慢慢增进着，我对她的了解也慢慢增加着。

不知道是因为她的笑容很甜美，还是人很温柔，总之我和她在一起的时候很舒服，我们相处得很惬意。小向姐有很多朋友，她来找我的时候，有时会和其他朋友一起来，所以我考研的这一年，认识了不少和小向姐一起来玩的新朋友，一定程度上充实了我的大四生活，减轻了考研的压力和生活的枯燥。小向姐的朋友来自各个地方，有中国大陆的、中国台湾的、日本的以及欧洲的，他们有的腼腆，有的开朗，但都和小向姐一样有礼貌有修养。我们在一起有时学习《圣经》，有时听听音乐，有时只是单纯地聊下天，分享一下彼此最近的生活趣闻。当我们坐在草地上聊天时，我的同学碰巧路过会奇怪我是怎么认识那么多国外朋友并且聊得那么 high，其实，我们聊天的内容也很平常，只是我觉得，那些对生活抱有美好感悟的人，他们脸上的笑容也会更加灿烂吧。

过了几个月，我和小向姐熟识之后，我们开始聊一些私人的话题，比如，有没有结婚呀，孩子多大呀之类的。我也是从那个时候，开始从心里慢慢敬佩起她的。

她告诉我她今年三十七岁的时候，我有点吃惊，说真的，她的皮肤是有些松弛，眼角的鱼尾纹也依稀可见，但她给我的感觉，从内而外散发出来的状态，真的不像是三十七岁的女人能够拥有的那种活力与轻松。我顺嘴问了句："姐，那你宝宝多大了？"小向姐笑笑，像每一次那样真心且自然的笑，然后对我说："我还没有结婚。"没有一丝尴尬，也没有一丝杂绪，这句话从她嘴里说出来是那么自然，就像是陈述太阳从东方升起一样无须多想的事实。

那一刻，我觉得她好年轻，即使三十七岁也好年轻。

她跟我说，现在的生活很好，她虽然在内地帮朋友做事，但隔段时间就会回香港见男朋友一面，他们很恩爱，却并不妨碍各自有事情，各自有朋友。看到小向姐这样的恋爱状态，我想起了曾经看过的一本书中的一句话："最好的恋爱就是两个人感情上依赖，人格上独立。"她每天要感谢上帝，要祷告，每周也要和朋友们一起学习《圣经》，生活很充实。她说，只要有信仰，有爱，就不会感觉到孤单。写这篇文章的前日，我还收到了她去台湾旅行寄来的明信片，上面写着："愿你天天开心。"暂时就先写到这里吧，我要去回一封邮件给她，告诉她我收到了她的祝福，也祝她生活开心，微笑常在。

这样的女人，上帝爱她，男朋友爱他，我也爱她。因为，她真的很可爱，不是吗？

three

哪怕万箭穿心，也要任性到底

别怕有我

/马叛

二姐十六岁的时候开始整容，一开始只是微调，后来动作越来越大。有天我在回家路上看到一个美女，鲜艳动人就忍不住吹了个口哨，结果对方来了一句："傻帽，快过来！"

我这才发现那是我二姐。

她出国玩了几个月，回来整得连亲弟弟都认不出来。怕被爹妈骂，就在路边徘徊要不要回家，刚好就遇上我了。

"你这次下手有点狠啊，整成这样爹妈还敢认你吗？"

"滚蛋，吃屎了吗嘴这么臭。"

"你让我过来的！"

“我让你死你去不？”

我二姐就是这样，跟我说话从来没有温柔可亲过。别人见面都是问你吃饭了吗，她总是说你吃屎了吗，搞得人没一点想要跟她聊下去的胃口。但我还是很喜欢跟她待在一块儿，不仅仅是别人打我的时候她总替我挡着，主要是我欠她一条命。

在河南待过的人大都知道，那个人口大省的人天生爱攀比，隔壁家生三个孩子的话自己生两个就会觉得低人一头。隔壁家全是男孩自己都是姑娘的话也会不好意思去借酱油。

我出生之前，爸妈一直活得很自卑。因为第一胎是女儿，第二胎又是。我妈生第二胎的时候正赶上计划生育的疯狂期，这边正使劲往下生呢，那边一群人已经在砸门。也幸好当时我爸正在剥兔子皮，计划生育的人砸门进来之后我爸就往血淋淋的兔子身上一指：“刚生下来就死了，你们要的话就拿走吧。”

在死兔子的帮助下，二姐也算是来之不易。但爸妈丝毫没有要珍惜她的意思，他们一心想要男孩，生出来一看是女孩，两人就面面相觑，觉得很对不住对方，造人的时候光顾着痛快不知道配合，现在后悔已经晚了。

为了挺胸抬头做人，父母决定再生一胎。因为已经对计划生育的人说了二姐死了，所以一生下来二姐就被送到了新疆，让外婆暂时养着，伺机送人。新疆人口少，要送人的话还是很方便的，但外婆心软，养到三岁还没舍得送出去。

小孩子没记性的时候好送，长大了就没人要了，因为孩子记得人和路了就很难忘掉，别人也不想含辛茹苦把孩子养大了，孩子却嚷嚷着要回去找亲妈。

等到我出生的时候，二姐已经四岁半了。没我的时候爸妈还想着万一怀不上了就把二姐接回来，等到生我下来一看是朝思暮想的男孩，爸妈送二姐出去的心就坚不可摧了。但外婆那关不好过，只能借着春节把二姐接回家玩，然后悄悄送人。

可惜后来还是被外婆知道了，她连夜坐火车赶到收养二姐的那户人家里，把二姐要了回来。虽然这事儿我也是后来听妈妈说的，但每次一想到白发苍苍的外婆从新疆到长春，来回坐一百多个小时的火车接二姐的情景，我就感到很心酸，如果我死活不出生，二姐也许就可以逃过被送出去的命运，外婆就不会在长途跋涉之后生一场大病。

后来外婆的病好了，身体却变差了，二姐七岁的时候外婆去世了。爸妈只好交了一笔罚款，把二姐接了回来。但是因为长期不在家，二姐跟家里人都没啥感情，对我更是恨之入骨，因为在她看来如果不是我出生，也许外婆就能多活几年，在她眼里，外婆才是最亲近的人。

二姐回来后，爸妈被罚得特别惨，为了多挣点钱养家糊口，他们经常不在家，大姐要上高中，于是我就由二姐带着，二姐为了我，晚了三年才上学，一直到十岁才跟六岁的我一起去读小学一年级。

因为心里带着恨，带我的时候二姐也不正经带，总是动不动就伸手把我胖揍一顿，我哭得太难看了，又会拿糖给我吃。久而久之，我面对她的时候就很迷茫，不知道她是要拿糖给我吃，还是要把我胖揍一顿。这一招对付熊孩子特别管用，后来我大姐生了孩子让我带，我就用姐传秘方来带他，闲着没事一会儿打他一顿一会儿拿糖给他吃，他看到我的时候永远是迷茫的，不听谁的话也不会不听我的。这一招据说最早是蒋介石用来对付下属的，打一巴掌给一个甜枣，恩威并施，让你永远想吃甜枣又怕巴掌，怕巴掌又想吃甜枣。久而久之，畏惧心和依赖感就都有了。

不过那时候我懵懂无知，真正跟二姐的关系转变是在我十岁那年。二姐跟男生出去玩，夜不归宿，爸爸知道后气惨了，拿拖把打她。我仗着是家里最小的孩子，又是男孩，父母宠爱，就在关键时刻冲上去替她挡拖把。爸爸一拖把抽在我身上，心疼死他了，之后也就光顾着给我擦药，不再计较她的事情。

从那以后二姐对我就明显不像过去那么随便了，但因为她自小就爱美，一脸鼻涕的我在外面还是很招她嫌弃的。每次上学都跟我保持一段距离，在学校也是对我不理不睬。除非有人打我了她才站出来跟人拼命，有时候我问她为啥要这样，她的回答永远是：因为你是我弟弟，只能我一个人打。

二姐十六岁的时候开始非常叛逆，因为在寄宿学校读书，家长鞭长莫及，她经常逃课，去美容院打工，有了第一次整容的经历。一开始只是动动眼皮，后来把五官整了一个遍，垫鼻削下巴隆胸抽脂肪开眼角开嘴角样样都来。甚至连并不算畸形的牙齿都打乱了重新排序。

因为五官都是整的，特别不牢靠，我特别害怕她哈哈大笑的时候下巴突然掉下来，或者打个喷嚏鼻头飞出老远。

而且不光我害怕，她也担心，每次跟特别幽默的人在一起吃饭的时候她都捏着脸，因为她笑点非常低。对别人她都是说怕笑多了会长皱纹所以捏着脸，只有我知道她是担心笑着笑着五官变了样。你脑补下吃饭的时候别人哈哈大笑喷你一脸牙的情景，就能体会到我坐在她面前吃饭时心里的感受。

二姐靠整容成为校园红人之后，就退学了。因为老师也认不出她，每次点她名字她回答“到”的时候，老师都冤枉她说她替别人点到。她一生气就退学了。退学后在社会上混得也不好，靠着整容整得好看，给人做做车模和平面模特什么的。在国内做模特，都不能穿太多，她那些暴露的照片被亲戚朋友看到了，总会招来一片责难。但她永远无所谓，她说反正过几天她就变样了，照片上的这些都是昨天的她。

因为她是我姐，不管在外面别人怎么说她，我都只能站在她这一边。但实际上我也有点反感她整容，每次她整容前都会问我，你看我的鼻子是不是不够翘，嘴巴是不是有点小？

说实话，就像一个汉字你盯着看久了会觉得不像一样，人的五官如果你带着挑毛病的心态去看，看久了也会觉得不协调。

但我还是会昧着良心说姐你已经很好看了，比我好看多了。

不过不管我怎么说，二姐都只是暗示我一下，然后立刻就行动了，从来不真正采纳我的意见。她这样对自己乱来，经常会让我做同样的噩梦。

梦中就在我老家的堂屋里，她坐在屋子中间，背对着我，看一台满是雪花的电视，我很怕她转过头，让我看到一张支离破碎的脸。

每次做了噩梦我就劝她，人这一辈子，只能从镜子中看到自己，不管你多么漂亮，都是给别人看的。何必为了让别人看着舒心，把自己搞得这么累呢？而且整容不仅风险大还费钱，后期要定时做保养，跟玩车一样。二姐辛辛苦苦挣的血汗钱，全在医院里糟蹋了。但她不以为然，还经常自嘲说：我这辈子，去过的高消费场所只有医院，拥有过的奢侈品只有弟弟。

这倒不是她乱说，我们长大后，河南人的觉悟似乎是在一夜之间提高了，大家都不再以生子多少论英雄了，甚至生太多的还会被邻里鄙视责骂，说他们拖了发展的后腿。因为我改名之前就叫马发展，所以每次他们说到谁谁谁家超生了，拖了发展的后腿的时候，我就不自觉地会摸摸自己的腿，摸到裤子和腿都还在，才放下心来。

后来我们俩都离开了河南，到北京、上海这样的大城市生活，渐渐发现这里似乎全是独生子女家庭。跟我们同龄的人也很少有哥哥姐姐弟弟妹妹的，每次她跟她的姐妹去吃饭，吃到中途都会有人说，把你弟弟叫来看看吧。就像在谈论一件稀罕物。

其实弟弟这种存在，只会花姐姐的钱，帮不上姐姐多大忙。但说矫情点，一日为姐，终身难负。只要她还没找到那个“免她惊、免她苦、免她四下流离无枝可依的男人”，我就得一直陪着她等下去。

不过这么多年过去了，随着科技和医学的进步，二姐整得越来越好看了，有时候她甚至会怂恿我也去整一整，她还经常会拿那些长得好看的作家举例，说你不是写小说的吗？整得好看了，书都能多卖两本。

我虽然面对她的时候还是很茫然没有主见，但我毕竟长大了，不会真听她的让别人在我脸上动刀子，身体发肤受之父母，我的传统观念还是很重的。而且我觉得虽然变好看了，二姐却并没有因为这份好看而变得更加自信，她还是那个经常会哭泣，经常会站在街头不知道该往哪边走的傻姑娘。她还是担心会被嫌弃。

她之所以不断地在脸上身上动刀子，究其根源，还是因为爸妈在她小的时候给她心里丢了太多刀子。所以长大后她就拼命地想把父母给她的身体还回去，我可以不吃你的不用你的，你还要怎样？要我的身体吗？好，我一刀一刀割下来。她表面整的是容，实际上整的是心。但容好整，心难变。不管她假装得多么坚强冷酷，心里还是柔软地渴望亲情。

就像这一次，爸爸生日叫我们回来，如果不是我在路上遇到她，她可能走到家门口看两眼流下几滴泪就离开了。从她退学以后，爸妈就跟她争吵不断，爸爸几次扬言要跟她断绝父女关系，她也渐渐地从过年回家一次到过很多年都难得回家一次。

而且不光是爸妈，大姐也视她为耻。尽管她后来实现了模特梦想，跟她整容不无关系，但在爸妈和大姐那里始终还是不认可她这种行为。用妈妈的话说就是："她一点也不像我们家的人，该不会是送去你外婆那里的几年被人掉了包吧！"

可是不管家人怎么说，在我心里她还是我骄傲任性勇敢又脆弱的二姐，为了避免她再半路跑掉，我直接揽住了她的腰："刚好爸妈让我带女朋友回来，你就假扮一下我女朋友吧！只要你说话小声点，他们绝对认不出来。"

"滚蛋，万一被爸妈发现了怎么办？"

"不用怕，出了事有我兜着，小时候在学校都是你保护我，现在该我保护你了。”说着我就硬揽着她细嫩的腰往家里走去，从倒影里看，我的背影要比她高大好多好多。她似乎也感觉到，过去那个总是流着鼻涕追在她后面要糖吃的弟弟，已经长大了。

火龙果小姐

/ 毛路

火龙果小姐曾是大龄未婚女青年中的一员。在外人眼中，她是个普通得不能再普通的姑娘——普通长相，普通身材，做着一份普通的工作。火龙果小姐曾经的男朋友猕猴桃先生，无论是从长相还是收入，都比火龙果小姐高好几档。两人临到结婚时，却突然分手。

群众们的反应立刻分成两派。一派声讨猕猴桃先生是人渣，不负责任，并把无限的同情抛向火龙果小姐，甚至劝说火龙果小姐千万别想不开。另一派则表示出无限的理解。这些人本来就奇怪“猕猴桃先生条件那么好，怎么可能看上她”，所以“就算结了婚，以后肯定还要离的！他俩本来就不合适，还是早点分开好”。

几乎没人想过，提出分手的也许不是猕猴桃先生，而是火龙果小姐。事实却正好如此。得知真相后，群众们当时就震惊了，一致认为火龙果小姐疯了。有一次火龙果小姐来找我玩，聊到此事，她说：

“他只想找个人结婚。他要娶我，不是因为我是‘那个人’，而是因为他在觉得自己该结婚的时候碰到了我——一个可以搭伙过日子的人。他属于那种娶了任何女人都会幸福的男人。但我不想当‘任何女人’，跟他结了婚，他什么都能给我，唯独给不了爱情，而我呢，什么都不缺，唯独缺爱情。我的爱人应该是‘除了我以外，娶了谁都不会幸福’才对。哈哈！”

跟火龙果小姐分手三个月后，猕猴桃先生的喜讯传来。

群众们觉得火龙果小姐得知此消息时，一定肠子都悔青了，但事实上，她只是笑笑说道：“果然。”

火龙果小姐安心过了几年单身生活，每天按时上下班，空闲时间看看书，找朋友们玩玩，一有假期就到处转转。至于找男人这事儿，火龙果小姐一点都不着急，可是群众却急了，轮番轰炸火龙果小姐。火龙果小姐也懒得跟他们争论，对于那些大道理，只是嘴上“嗯，嗯”着，根本不往心里去，照样乐呵呵地按自己的方式过日子。

久而久之，群众们按捺不住了，他们将火龙果小姐的淡定理解为装X，“心里肯定想结婚想疯了，还在我们面前装作一副无所谓的样子，真让人无语，呵呵。”

“那些人说来说去，劝来劝去，言下之意很明显：长得丑还挑三拣四，活该一辈子单身。可是去菜市上买棵白菜都要挑一挑，找老公这事反而不该挑了？我就是要慢慢等，慢慢挑，世界这么大，我就不信所有男人都那么在乎年纪。”

火龙果小姐对我说了上面这段话的两年半之后，我写下一段话：“除了爱情，什么都不缺的人，才有底气去等待纯粹的爱情。他们的生活本来就不缺乐趣，不缺事业，不缺安全感，不缺自信……他们不需要爱情为他们带来更多的东西，爱情为他们带来的只是爱情。 对于他们来说，爱情不是风险投资，也没有得失成本，所以心里才能对爱毫无畏惧。”

每个人对此话的理解不同，但我想火龙果小姐最明白我想表达的意思。“什么都不缺”，不是指要美如林志玲，富比李嘉诚，才是什么都不缺。这里的“什么”是指那些能让人过得幸福的东西。关于对幸福的探讨，我很喜欢一位友邻的一段话：

“幸福感是这样一个分数：所得 / 欲望。分子是你拥有的东西，分母是你想要的东西。分子越大，幸福感越高；分母越大，幸福感越低；分子和分母一样大，即为满足。”

说白了，什么都不缺的意思就是，自己想要的东西，都有了。而火龙果小姐，除了爱情，她想要的东西，她都能给自己。

也有人嘲笑过火龙果小姐的这份底气，因为“爱情本来就是凭运气的事，有底气，不一定能等来爱情；没有底气的人，也不一定就没有爱情”。

这些话说得完全没错，无论有没有底气，真爱都是小概率的事。有些人因为概率小，就放弃了，有些人仍旧坚持，当然，坚持下来的，不一定都是皆大欢喜的结局。而找爱人这事儿，“太挑”本身并不是问题 ，问题是你的魅力能否跟上你的挑剔。一个人的魅力来自很多方面，而底气能让一个本来就有闪光点的人更加闪耀。如果一个人本身阴暗而狭隘，再有底气，也无济于事。

后来火龙果小姐结婚了，对象是位德国的高帅富。两人的婚礼非常盛大。火龙果小姐把婚礼照片放到了微信朋友圈里。只有一句简单的说明：“此刻我只想做两件事：幸福和晒幸福。”不知道当初那些恶语相向的人有何感想。晒了一段时间的幸福之后，火龙果小姐就专心幸福去了。我很少看到她更新自己的状态，不过每次见面时，见她神采奕奕的样子就知道她过得不错。

有些人觉得火龙果小姐的故事简直是“女屌丝逆袭”的范本。但我却认为，她那样的姑娘，找到现在的老公再正常不过了。她先生还觉得自己幸运得不得了呢。在他眼里，火龙果小姐比自己有魅力多了，当初还生怕她看不上自己。非要说这是励志故事，那也是那德国人的励志故事。

再后来，有好事者把火龙果小姐和先生的照片发到了网上。那天我们几个朋友在火龙果小姐家聚会，其中一个犯二的朋友把照片链接给我们看。底下的评论看得我浑身不是滋味，很多都是在攻击火龙果小姐的长相。

“好丑，他晚上不会被吓哭吗？”

“外国人的口味果然独特。”

“我知道自己为什么单身了，原来帅哥都喜欢这样的。”

……

如果火龙果小姐是位美女，不知道人们还会不会有这么多恶意。不过令人欣慰的是，谩骂和嘲笑间也有一些祝福的评论。

犯二朋友愤愤道：“我就不信她们个个都美如天仙！这些人就是心理阴暗，见不得别人好。你别生气！”

火龙果小姐说：“为什么要生气呢？我本来就不好看嘛，逮到个口味独特的，这就是运气。嘿嘿！”

而我知道，这绝不仅仅是运气。

有些失去，不是一蹴而就

/夏苏末

周末，朋友七七来我这蹭饭顺便跟我诉苦，说姐姐最近闹离婚。

“没有任何预兆就坚持离婚，简直莫名其妙！这些年她过得顺风顺水，现在怎么就突然要离婚呢。家里气温比外面还低，老爸老妈轮番劝，她就是油盐不进，我上蹿下跳旁敲侧击也没问出个子丑寅卯，黑眼圈倒是比眼睛大了一圈。”

无可奈何，她只好抛开嗔念，来我这蹭点温暖。

过了几天，我与七七有事约见，她刚好有事，便拜托老姐莫莫帮忙将资料送到我这儿来。莫莫婚前时常跟我们这帮不正经女青年碰面，在我们神精病发作时总能保持一份波澜不惊的淡定与从容。如今，昔日的女青年们已混成白骨精，眼前人的高端也一如当年，说话似黄鹂唱歌，笑容如春回大地，举手投足间毫无绝望主妇的失意与悲惨。

关于离婚这件事，我更难免好奇。

“姐夫老实可靠，也没不良嗜好，你究竟想啥呢？”

莫莫坐在椅子上优雅地喝着水，沉默了一下才开口：“其实，也没什么大的原因，都是些小事。”

小事？！

人生悲欢哀怨妒，随便甩出来一件在太阳下晾晒，追溯个中根源，抽丝剥茧，最后矛头的指向哪件不是小事播的种？

我八卦的小心脏蠢蠢欲动，任何时候，追溯根源的探究永远比陈述现实更有吸引力。

那么，事情要从莫莫婚前第一次见家长开始讲起。

01

莫莫和她老公 G 先生谈的是办公室恋情，两人顺利交往一年后，谈婚论嫁这事就排上了日程表。

初次与 G 先生父母见面，莫莫就被小小地震撼了一下。

G 先生的父亲不胜酒力，一杯白酒下肚就露了醉态，婚嫁之事只字未提，只搬来小板凳，一只，示意莫莫坐下。然后，G 先生的父亲对莫莫说：“闺女啊，我们家离得太远，我跟你说，你可千万别欺负他。”

莫莫愕然，10公里的距离怎么就嚷出生离死别的感伤了。且不说她欺负G先生这样的定论是从何而来，老爷子如此悲切地叮咛，怎么听都觉得怪异。这分明就是一位父亲对嫁女儿这件事心怀惆怅的最佳写照嘛。可这场谈婚论嫁，嫁进来的那个人明明是她好吗？

莫莫尴尬得不知怎么回话，只好低头抿嘴一笑带过。

在回去的路上，G先生解释说：“我从高中就开始在外读书，爸妈是怕了这样的聚少离多。他们就这样，以后他们说什么你听听就好。”

想想G先生往日的表现，为人本分，做事稳重，他的父母又能奸猾几分。莫莫这么想着就释然了，毕竟结婚过日子的是她和G先生，其他都不重要。

你看，陷入爱情的姑娘总是容易被事情的表面所蒙蔽，殊不知，你以为的了解，其实只是假象。因此，后来的很长一段时间，莫莫都在为自己婚前轻易的定论埋单。

02

婚后第一年，婆婆总是话里话外透着对莫莫能不能生的怀疑。

莫莫觉得羞臊，轻声解释：“妈，我们已经商量过了，现在太年轻，暂时不打算要孩子。”

婆婆仿若未闻，后来干脆放弃旁敲侧击，将话题摆在了明面。每次莫莫回去，她总会固执地问一问：

“你例假正常吗？”

“我们这有个女人结婚十年都没能生出孩子，前段时间找了个老中医喝了几次药居然怀上了。抽空我带你去，或者你去不孕不育医院看看也行。”

诸如此类的话，一次两次还能忍耐，时间长了，莫莫也不堪其烦，愤怒越积越多，婆婆到底什么意思！

莫莫跟G先生商量：“下次咱妈再提生孩子的事，你好好跟她说说呗。”G先生欣然应诺。

但是再碰面的时候，婆婆抱怨声依旧。莫莫频频看向稳坐在沙发上的G先生，他却仿若未闻。

“你为什么不跟你妈说清楚，明明我们商量好的，你妈不相信我，我说一百句不如你一句话，你怎么就是不解释。”她抱怨着。

他好脾气地笑，温暾暾地讨好：“哎呀，我妈就那样，心直口快没坏心眼。反正我们不常回家，我开口反驳，伤了她面子不好。”

一件事，你退一步的后果，就是节节败退，于是，生孩子的事儿很快被夫妻俩提上日程。

莫莫怀孕以后，关于公婆对胎儿性别揣测的各种版本装聋作哑，日子就这么磕磕绊绊地到了生产。

孩子在生产的时候宫内缺氧，从产房出来就进了ICU重症监护室，一周后才转入普通病房。孩子出院的时候，还差半个月到春节，公婆家没有暖气，莫莫跟G先生商量之后决定请公公婆婆搬来他们这过年。本来说得好好的，没想到除夕的前一天，莫莫的公公毫无征兆地翻了脸，甩下一句“你们不回去老家过年，也别想我们在你家过年”扬长而走。

除夕早晨开始，公公婆婆轮番电话轰炸，G先生疲惫地接着电话。莫莫心里五味杂陈，恍恍惚惚地哄着孩子，下床去倒水却栽倒在地，站起身一量体温38.7℃。

老人一早制造的不愉快，莫莫和G先生很默契地闭口不提。

晚上，G先生做了四道菜，煮了两碗水饺。莫莫坐到餐桌前刚准备吃点东西，他却在沙发上痛哭起来，抬头盯着莫莫：

“我求求你了，元宵节的时候咱们赶紧回我爸妈那过吧。”

那一刻，莫莫听到自己的心啪地裂开了，随后哗啦碎了一地。

她病得站不稳，他没关心一句，他爸妈心情不好，他就悲伤了一整天，甚至，心底还埋怨着她。

但，事情还远没有结束。

大年初二，酒醉的公公跑来砸门，怒气冲冲地进来，婆婆紧随其后，两人你一言我一语，骂儿子没用，让他们丢脸。哭自己命苦，孙子都不能抱回去给邻居看看。指责越多心情越激动，公公干脆拿着盛水果的果盘就往莫莫身上砸，孩子吓得哇哇大哭，而G先生则站在旁边沉默如定格了的蜡像。

莫莫火速从厨房拿出菜刀握在手里挥舞了几下：“你们凭什么打我？我做错什么了，我只是一个母亲，我只是为了自己的孩子。如果你们觉得我做得错，那么我现在就走，但是，一旦我走了，你们谁也别想我再回头。”

他们看着平时柔弱的莫莫，紧握着菜刀，眼神犀利且凶狠，一时间都被这场家庭战巨大的变故怔住了。

G先生率先慌了手脚，公婆也悻悻地走了。

他脸上是一贯的羞愧表情，想张口说点什么。

莫莫却不肯再多看一眼，只对他说了一句：“自始至终，你有没有明白，如今你也是一名父亲。”

一个为人夫人父的男人，在最该站出来的时候，却选择了沉默，已是对家人的最大伤害。事后弥补的解释，不止是冬天的蒲扇那样多余，反而如雪上加霜，更让人心寒。

03

之后的事更不必多说，莫莫产假结束，婆婆不肯带孩子，莫莫的妈妈身体不好，又找不到合适的保姆。于是，莫莫只好辞职在家照顾孩子。

婆婆闻讯而来，破口大骂，她骂莫莫吃白食，骂莫莫将家庭的重担甩了在G先生身上，最后哭天喊地埋怨G先生命太苦。

当时，G先生不在家。莫莫如看客一般，在婆婆表演结束后，客气地关了房门。G先生回家的时候，莫莫将经过简短地转述了一下，G先生一如既往地沉默。

过了几天，莫莫赌气找了一份兼职策划的工作。

七个月大的宝宝刚刚学会如何爬，莫莫带着孩子，写着方案，如不停歇的小陀螺。有时候，宝宝晚睡，方案急需要修改。莫莫会要求G先生照顾宝宝一会儿，但是，就是短暂的几分钟，都让他不耐烦。

婆婆先后又来闹过几次，莫莫再说给G先生听的时候，他也总是粗暴地打断："别跟我说，我压力大。""别说了，我不想听。"

一株植物，总要花些时间去打理才能保持茂盛的姿态，人也是一样，如果爱得太粗心，就等于在放弃。

莫莫成了一个沉默的人。她默默地照顾孩子。孩子午睡，她默默地洗衣服收拾家务。夜晚，孩子入睡，她拖着疲惫的身体默默地赶策划到凌晨三四点。

尽管如此，G先生回家，莫莫仍做好了晚饭。G先生的衣服，莫莫如往常一般洗好叠好放在他的衣橱。

饭毕，他呈"大"字状躺在客厅的沙发上玩游戏，莫莫在卧室里给孩子讲故事。

一切都很和谐，莫莫默默地让自己活成了一个单身妈妈的模样，So，对 G 先生，一个眼神她都欠奉。

04

如今，莫莫的儿子四岁，已经入园一年。孩子翻过了敏感的叛逆期，莫莫才提出离婚。

“大家都是这么过的，你发神经哪！”他觉得莫名其妙。

父母亲人劝她：“都是些小事，孩子如今长大了，也就好了。”

她笑笑，依旧坚持自己的决定。她不是没给过婚姻复活的机会，却终没能让它血槽满格。

“我知道婚姻的复杂，但，就是再简单的婚姻也需要最起码的维护。两个人之间如果隔了 100 米的距离，我辛苦走了 99 米，他却连 1 米都不肯走，我也只能放弃。我要得不多，他却太吝啬。”

莫莫把玩着手中的水杯，声音婉转。

我一向自诩巧舌如簧，此刻，却唇舌发僵，吐不出一字。

爱情不是维系婚姻关系的唯一标准，却一定是影响婚姻质量的关键。一次牵手，一个拥抱，一句站在对方立场着想的维护，反映的是对彼此的珍惜与体谅。真正的爱，能让对方安心放心地把自己交付给婚姻，从从容容，坚定无比。如果爱你就要承受太多痛苦和不安，我只好放弃，即使我爱你。

感情这东西既坚固又脆弱，在这段关系中，你以为心中有底，便不把生活中那些微小的伤害和疏忽放在眼里，殊不知，爱与被爱可以不对等，却不能不相伴。否则，就会如千里之堤，天长日久安然无恙，毁灭却在一念之间。

有些失去，从来都不是一蹴而就。

你那里下雪了吗?

／向暖

01

“猜我今天在街上遇到谁了？”吃饭的时候，姑妈忽然说道，“我看到吕娴了。”

听到吕娴这个名字，大家都没作声，姑父看了姑妈一眼，用眼神制止她说下去，可姑妈还是继续说道：“她还有脸回来，跟我走个对面还有脸喊我阿姨，脸皮真够厚的。”

其余人还是沉默。姑妈还想说什么，姑父咳了一声，说：“吃饭！”表哥却放下筷子，闷声不响地去了卧室。

“这就吃完了？”姑妈咕哝了一句。

姑父看到表哥卧室的门关上了，这才说道：“你真是的，提吕娴干什么，她都跟小晖分手两年多了。”

姑妈说：“我提她怎么了。就算我不提，住得这么近，小晖难免会遇到她的。你看你儿子，一听到她的名字饭都不吃了，根本就是放不下。”

姑父叹了口气。

姑妈又说：“听说她跟那个男人闹掰了，我担心她又回过头来纠缠我们小晖。你最近看好你儿子，别让他好了伤疤忘了疼，又去啃回头草。”

姑父说：“他那么大人了，谁能看得住呀。”

姑妈撇着嘴：“你说这个吕娴，她还回来干什么。”

其实生活中姑妈并不是个凶恶刻薄的人，她一直心很软，对人挺实诚的，之所以对这个吕娴视如仇敌、颇有微词，是因为当初吕娴离开表哥的时候，做得特别绝情，不仅伤了表哥，也伤了姑妈一家人的心。

吕娴是表哥的前女友，跟表哥好了好多年，因为两家住得近，关系不错，所以姑妈和姑父对她也很疼爱。这些年吕娴家遇到好些事儿，姑父姑妈都尽心尽力地帮忙，姑妈以前经常跟人说：“小晖跟吕娴在一起，我们家就多了一个闺女。”表哥跟吕娴也算是青梅竹马吧，不过真正谈恋爱是从大学时候开始的，两个人虽然经常吵吵闹闹，是对欢喜冤家，但是感情很好，在表哥心里，早就把吕娴看成自己的媳妇儿了。可是等到两个人房子装修好了，婚纱照都拍了，婚礼被纳入议事日程的时候，吕娴忽然劈腿了，她说爱上了别人。那是个从南方过来做生意的男人。表哥和姑父姑妈还在惊诧的时候，吕娴居然以迅雷不及掩耳之势跟那个男人走了，去了南方。

姑妈今天因为遇到了吕娴，胃口也不佳，放下筷子对姑父说道："当年吕娴爸爸下岗了，是你帮着找的工作；当初她妈妈生病那么厉害，是我们帮着联系医院，找最好的医生给她做的手术；吕娴的工作是我们给找的；她跟小晖准备结婚，房子我们给买好了，装修也没让她出一分钱。我们一家人是掏出心来对她，对她们一家，可是最后换来了什么，换来她负心离开我们小晖……"

姑父听到姑妈又说起这些，皱着眉头道："现在还提这些干什么。"

我在这座城市里读书，经常住在姑妈家里，对吕娴的事情很了解。吕娴也算是姑父姑妈看着长大的，姑父姑妈待她的确不错。姑父这些年生意做得好，家庭条件殷实，人脉也广，而吕娴家因为爸爸下岗、妈妈生病家庭几度陷入窘境，姑父姑妈的确帮了他们家不少忙。姑父姑妈早就把吕娴当成自己家人看了，可是没想到吕娴在婚礼举行之前忽然离开，而且毅然决然，头也不回。姑妈每每说起，都义愤填膺。

姑妈这时候看看表哥的房间门，又咕哝了一句："吕娴就是个忘恩负义的白眼狼，把人的心都伤透了，我不管小晖怎么想的，反正我是坚决不容许这丫头再进我们家的门了。"

02

第二天一大早天就阴沉沉的，好像要下雪了。表哥开车带着我去学校寝室取东西，临近大学校园的时候，我眼睛望向车窗外，忽然看到一个熟悉的身影。"吕娴？"这个名字脱口而出，表哥听到了，也往路边看一眼，那个站在一个咖啡店门口的，正是吕娴，她穿一件白色的羽绒服，静静地站在那里，车子驶过，我们没看清她的表情。表哥继续开车，什么话都没说。我看他神情严肃，也只好沉默。

我从宿舍取完东西下楼，雪已经开始下了，纷纷扬扬越下越大。表哥载着我开车路过那家咖啡店，我发现吕娴居然还站在那里。她站在店外的廊檐下面，手伸出来，似乎想拦辆出租车。我对表哥说："要不要顺路捎她回家？这地儿雨雪天不好打车。"表哥没吱声，继续开车。我只得闭嘴，从昨晚姑妈提到吕娴开始，表哥的脸就比天气还冷。

车开出去几公里了，沉默的表哥忽然掉转了车头，车子飞速行驶，又回到了咖啡馆所在的地方。吕娴果然还站在廊檐下，她没有打到车。

表哥的车在吕娴身旁停下，他却还冷着脸不说话，我只得下车，跟吕娴打招呼。“娴姐，这儿不好打车，跟我上车吧。”吕娴自然认识表哥的车，她摇摇头：“谢谢，不用了。”我硬拉着她：“雪这么大，又冷，还是上车吧。”吕娴不是个扭捏的人，在我热情的拉扯之下，跟着我上了车，坐在后面的座位上。

表哥沉默地开车，吕娴也不作声，让我觉得车里这会儿比外面还冷。

为了打破严寒的气氛，我开始喋喋不休：“这是今年第一场雪，没想到下得还挺大。”“等雪停了，好好拍几张雪景照去。”“娴姐，南方不常下雪吧？”

吕娴只是含糊着“嗯”了一声。

吕娴家就住在姑妈家斜对面的小区，车子在她家小区门口停下，吕娴下车时嘴动了动，仿佛想说句“谢谢”，但仅仅是嘴动了动，没有发出声音。表哥根本连一眼也没有看过她，她下车之后，他又沉默着发动了车子。

车窗外，雪下得铺天盖地，让我想到，表哥跟吕娴的很多记忆，都与雪相关。

后来吕娴和表哥准备结婚，婚房的地段、房型、楼层都是姑父姑妈选的。房子装修的时候，吕娴想拿出自己的一点积蓄，可是姑妈说："你那点钱管什么用，杯水车薪，就别拿了。"这让吕娴很难受。表哥医院的工作忙顾不上装修的事情，姑妈就全都揽了过去。装修公司是姑妈找的，装修风格是姑妈定的，所有的家具都是按照姑妈的喜好选的，连窗帘的颜色，小饰品的摆放，这些姑妈都要亲自过目。吕娴说，待在那个婚房里，她没有找到幸福感，反而有透不过气来的感觉。可是她能说什么，姑妈都是为了她好。

内心积压了太多不满始终是要爆发的，吕娴的爆发是在办婚礼这件事上。之前拍婚纱照的影楼是姑妈帮忙选的，要举办婚礼的酒店也是姑妈选的，吕娴虽然觉得不满意但是没说什么。后来说到要举办什么样的婚礼，姑妈多年来一直特别喜欢中式婚礼，她希望吕娴和表哥举办一场隆重的中式婚礼。可是吕娴喜欢西式的，两个人意见有分歧互不相让。后来姑妈没经过吕娴同意就给她和表哥订好了中式的礼服，并和婚庆公司订了场地。吕娴跟表哥说自己的想法，表哥虽然也觉得姑妈这样做有些过分，但他是个怕麻烦的人，就安抚吕娴，说既然都订好了场地和礼服，就这样吧。吕娴当时很绝望，她发了脾气，说："那这婚就别结了。"

“其实不完全是婚礼的事儿。”吕娴对我说，“我不想我结婚后，要一直带着感恩之心对公婆老公，为了感恩我要顺从他们，我要过别人给我安排好的生活，那样，我会找不到自己。”

吕娴说了这些，我非常理解她。是呀，姑妈一家是掏心掏肺对吕娴好，可是这种好太过了，没有了度，于是接受这种好的人就承受了巨大的压力。姑妈他们只晓得给予，可是他们没有想过，他们给吕娴的这一切，真的是她想要的吗？

“那时候的我，特别想逃离那种生活。那时正好有个南方人追我，我也告诉他我有男朋友，可他还是在追求我。跟他在一起，我没有负担，我自由自在。和你表哥闹翻之后，他正好来找我，说希望我跟他在一起，过自由自在的生活。”吕娴说，“那时候我的倔强占了上风，我觉得我的自尊更胜于所谓的爱情。我要去过属于我的生活。所以，我跟那个人走了。”

“那后来呢？”我问。

“后来没到一年我们就分了。临时起意建立起来的关系，始终是无法长久的。”吕娴苦笑一下，“分手后我不想回来，在南方的第二个冬天，我看到你表哥发的微博，他发了一段歌词，‘你那里下雪了吗，面对寒冷你怕不怕，可有炉火温暖你的手，可有微笑填满你的家……’后面写着，致我爱的人。那天那边没有下雪，但是很冷，我在租来的没有暖气的房子里，看着那条微博痛哭。我哭着问自己，自尊心，真的那么重要吗？”

吕娴说的这条微博我见过，当时我们这边下雪了，我打开表哥的微博，看到过这句话。我也知道，表哥这两年一直不肯再找女朋友，是因为他的心里始终没有放下吕娴。

“现在你为什么回来了？”我问。

“因为我想念这个地方，想念这里的雪。”吕娴说。

仅仅是想念这里的雪吗？我对吕娴说：“也许那时候你该清楚地告诉表哥你的感受，事情或许就不是这个样子。”

吕娴沉默了一会儿说：“那时候他忙，我也觉得他们都对我好，很多话说不出口，可是憋在心里久了，没想到就爆发了。”

我们两个都沉默了。

这时候病房的门开了，表哥进来了，依旧冷着一张脸，指着桌上的汤，问：“为什么不喝？”

“我们说话呢。”我替吕娴回答。

表哥语气生硬地说：“发烧不及时看，等着烧成肺炎，就是笨。”

吕娴什么都没说。

04

几天后，我想去医院看看吕娴，走到医院附近，远远的就看到吕娴提着一个包从医院走出来，表哥跟在后面。后来表哥想帮着她提那个包，吕娴躲了一下，表哥一下子把包夺了过来，然后向自己的车子走去。

真是对欢喜冤家！我没有过去打扰他们。

今冬的第二场雪在跟第一场雪隔了一个月后翩翩而来。

表哥难得在晚饭前回家，他对姑妈说："晚上多做两个菜吧。"

"为什么？"姑妈问。

"吕娴要来……那个……妈，我们和好了。"表哥说。

姑妈正在看电视，这时候转头看着表哥："你说什么小晖，你难道好了伤疤忘了疼？"

"妈，吕娴去南方是有点过分，可是我们当初有些事情也没有考虑她的感受。"表哥说。

"有点过分？她那是有点过分吗？"姑妈冷着一张脸，"小晖，我说过的，我不会让她再进我们的门。"

"妈。"表哥见姑妈冷着脸，给我使眼色，然后去了厨房。

我对姑妈说："姑妈，难道这两年你还没看出来，表哥根本不会考虑别的女孩吗，难道您想让表哥独身一辈子。”

“你也不是不知道那个丫头做得多么过分。”姑妈余怒未消。

“我知道，可是娴姐回来了，说明她知道错了。”我说，“姑妈我知道您最大度的。”

我劝了姑妈好久，姑妈的气稍微消了一点。她说道：“可是小晖这么快原谅她，她怎么会认识到错误有多严重。”

我急忙说：“她认识到了，她跟我说过她后悔的。”

姑妈瞪了我一眼：“你们呀，原来都背着我跟她来往。”

后来姑妈还是去了厨房，把正在洗大虾的表哥推到一旁：“一边去吧，你忘了她吃虾过敏了。”

表哥嘿嘿地笑了起来。

“这回开心了。”姑妈咕哝着，“没出息。”

姑妈嘴里咕哝着，但是手上做的，都是吕娴爱吃的。我嘿嘿一笑说：“姑妈，其实您还是疼吕娴的。”

姑妈叹口气：“吕娴走了之后，小晖怪我以前事事都要管她，可能我是管多了，我就是觉得她妈妈身体不好，她家条件又差，我不想她受委屈。”

05

吕娴跟着表哥进门，对着姑父姑妈喊：“叔叔阿姨。”

姑妈起先冷着脸，后来红了眼眶：“你个没良心的丫头，你还知道回来。”

吕娴也红了眼眶。

晚饭后，表哥去送吕娴了，姑妈对姑父说：“在南方这两年这丫头没少受罪，你看她都瘦了。”

姑父说：“年轻人，总要吃点苦头才知道家的好。”

姑妈说：“我以后不管那么多了，他们想办什么样的婚礼，随他们去。”

窗外大雪纷飞，家里却暖意融融。

有的时候不能原谅，是因为不够爱。

亲爱的大姐

／向暖

01

爸妈出车祸去世那年，大姐十七岁，正在上高一，而我和我的双胞胎弟弟小杰刚读到小学五年级。

我还记得那天不断地有人到我们家里来，他们说的什么做的什么我都忘了，我只记得我和小杰不停地哭，不仅因为悲伤，还因为恐惧，我们陷入了失去父母的巨大恐惧中。后来大姐抱住我们，我们三个人一起哭，我边哭边说：“我们没有爸爸了，没有妈妈了。”大姐紧紧地搂住我们，用嘶哑的声音说道：“别怕，爸爸妈妈走了，你们还有姐。”

丧事办完之后大姐就退学了，去了爸妈原来工作的印刷厂上班。那会儿大姐还不到上班年龄，她瘦瘦的，个子也不高，人看上去又小又单薄。她为了能上班一趟趟地去求厂长副厂长，人家觉得我们姐弟三人可怜，才破例让她进厂的。

大姐刚上班那会儿因为劳动强度太大，累得晚上做梦都哎哟，有时候喊声太大把我们吵醒了，她就迷迷糊糊给我们拉拉被子，说："睡吧。"她手上常常有被纸划破的口子，渐渐地手指关节都有些变形，搬运东西太多的时候，她的腿都会变得一瘸一拐的，但即使如此她也会一瘸一拐地走回家，用她粗糙而变形的手给我和小杰做饭。

大姐曾经是我们那条街上最漂亮最文静的女孩，是我们这一带很多父母教育孩子的榜样。可是父母去世之后，大姐变了，肥大的蓝布工作服淹没了她的腰身，原来的长发剪得短短的，看上去像个假小子。她人也变得泼辣起来，为了跟婶婶要回少得可怜的抚恤金，她在叔叔家门前撒泼打滚；为了买菜时砍掉一毛钱，她很大声地跟小贩辩论；晚上有人在我们家门前吹口哨，她抄了棍子就冲出去。

我的双胞胎弟弟小杰从小体弱多病，他经常晚上发烧，他每次发烧，我姐给他吃完药，就成宿地坐在他床边，用湿毛巾给他擦手擦脸，有次我姐打瞌睡了，头碰到床边上碰起了一个大包，她用手揉了揉，就不管了，继续给小杰擦手擦脸。有一回到了后半夜小杰还是高烧不退，我姐就把我叫起来，嘱咐我把门插好，然后一个人背着小杰去附近的医院。我姐本来也瘦弱，干了一天活，加上大半夜没睡，大冬天的把小杰背到医院愣是出了一身汗，衣服都洇透了。

小杰因为多病，人特别瘦，个头还没我高，学习成绩也差，学校里和我们那条街上就总有男孩子欺负他。有几回他被人打得眼肿了嘴角破了，大姐就问他是不是被人欺负了。他也不说话，只是哭，气得大姐骂他没出息。后来有一阵子，大姐在我们放学的时候去接我们，手里拿根柳条杆子，那段时间小杰没再挨揍。后来大姐要加班，没办法接我们，就把柳条杆子交给小杰，跟他说："以后要是有人打你，你就狠狠地还手，你越怕别人越打你，你拿出不怕死的劲儿来，他们就不敢惹你了。"想了想又嘱咐道："要是对方人多，你实在打不过了，就跑，往人多的地方跑。"大姐前面的话小杰没记住，后面的话倒是记住了，有一天有人在街口截住他揍他，他就玩命往家跑，跑进门就拼命喊："姐，有人打我！"我姐当时正在做饭，听到喊声拎着菜刀就出来了，对追进门的一帮半大小子喊道："谁敢动我弟一指头，我就剁了他。"大约是我姐的气势太吓人了，那帮半大小子慢慢地退出门去，从此附近的孩子没有再找碴揍小杰。

和懦弱的小杰相比，我从小就要强、倔强。我从初中起就是学霸，成绩在整个年级遥遥领先，如果有人跟我的成绩接近了，我就会加倍努力，把那人甩得远远的。我很敏感，自尊心特别强，因为班里有个女生说过我头发有味儿，我在她说过之后每天都洗头。寒冬腊月里，大姐怕我着凉，不让我洗头，我偏不听，大姐就一边帮我烧热水一边骂我犟。

初三那会儿我整个人都特别叛逆。当时我们那个年级拳头最硬的“老大”追我，每天放学后他都骑着自行车跟在我后面嬉皮笑脸跟我搭腔，起初我不理他，后来小杰给大姐告状，说我跟小混混好了，大姐训我一顿。我生气极了，接下来的几天，我主动坐在了“老大”的后车座上招摇过市。后来有一天被大姐撞见了，她当街拦着我们，怒气冲冲喊我下车，我不但不下来，还若无其事地哼着歌。大姐气坏了，过来拽我，我拍一下“老大”的背，喊声“快骑”，自行车便飞驰起来，看着跟在后面奔跑的大姐越拉越远，我的心里既得意又升起一股子隐隐的痛。后来大姐消失不见，我就让“老大”停车，从后车座上跳下来，跟他说“以后别再跟着我，我不喜欢你”，然后留下呆愣愣的他，转身走了。

那天我回家后大姐骂我“不学好”，还打了我一个耳光，那是大姐第一次打我，我瞪大眼睛把将要涌出来的泪水憋回去，狠狠地盯了她几分钟，然后转身跑了。我跑到火车站，想买张票随便去哪儿，反正就是不要再回那个家了。可是我兜里没有钱。那天我在候车室坐到半夜，又冷又饿，有几个穿旧大衣的人不停地用眼睛瞄我，瞄得我心里发慌。可是即便这样我也不想回去，我不想向大姐低头。后来有工作人员到候车室来撵人，我站起来，不知道该去哪里，这时候大姐一阵风似的跑进候车室，在昏暗的灯光下看到我，她奔过来，盯着我，她的脸冻得有些发紫，眼圈也发红，她大声责问我：“你跑！你要跑到哪里去？跟我回家！”说完，转过身去，径直往外走。

那天回到家已经是后半夜了，大姐给我做了一碗热汤面，面里卧了一个鸡蛋，还放了香油，那碗面真香呀，我稀里呼噜吃完面，整个人暖和了，也踏实了。大姐一直看着我，啥也没说，不过似乎背过身去，悄悄抹了抹眼泪。我跟她性格很像，都是不会轻易服软的人，那天我们谁都没有给对方道歉，但是我后来再也没有离家出走过。

02

我高中毕业考上了一所不错的大学，小杰职高毕业哪儿也没考上，大姐说要送他去学点技术。无论是上大学还是去学技术，都需要钱。那些年供我和小杰吃穿上学，大姐那点工资一直捉襟见肘，大姐总是抢着加班，加上月月精打细算，我们的日子才勉强维持过来。对于我们这个没有任何积蓄的小家来说，一下子要拿出两笔学费，难上加难。那几天大姐早上起来总是有黑眼圈，我知道她晚上没睡好，为钱的事儿发愁，我也知道她去叔叔家表姑家借过钱，可是没借到。

离开学的日子越来越近了，一天傍晚吃饭的时候，我说：“我不想上学了，我想工作。”大姐白了我一眼：“说什么傻话呢，你才十八岁，不上学，能干啥呀？”

“你不是十七岁就工作了吗，我为啥不能？”我低着头说。

大姐老半天没说话，后来才说道：“就因为我那么早就上班了，我知道早上班是什么样子，所以才不想让你们跟我一样。你俩什么都别管，就踏踏实实准备上学吧。”

后来饭快吃完了，大姐忽然说：“有个事儿跟你们说一声，我要订婚了，跟顺子。”

小杰愣住，张大嘴巴却忘了说话，我则把碗往桌子上一蹾，“我不同意！”大姐说的那个顺子就住在我们这条街的最西头，在他爹开的理发店里给人理发，他人长得不好看，还是个瘸子。我接受不了大姐跟那么一个人订婚，我知道大姐喜欢过街东头的小斌哥，小斌哥考上大学的那年，到我家来给大姐送过一套参考书，说大姐要是回学校读书的话也能考上大学的。大姐没有回学校读书，但是我几次看到大姐拿着其中一本参考书摸索着封面，愣神儿，表情是无限怅惘。

大姐收拾碗筷的时候跟我们说：“不管你们同不同意，我都要跟顺子订婚。记得以后见了他喊哥。”

第二天大姐卖废品，我帮她往外搬东西的时候，发现小斌哥给的那几本参考书在里面，我看了大姐一眼，她脸上似乎没什么表情，但是我知道大姐是铁了心要嫁给顺子了，她把自己的最后一点念想都断了。

我和小杰还没有开学，大姐的订婚仪式就办了，她彩礼没要任何东西，只要钱。订婚前一天，顺子爸把一个装着一沓钱的信封交到大姐手里，说道："这些足够你弟弟妹妹的学费了，小屏，只要你好好跟顺子过日子，以后每年他们交学费，我们都不会不管的。"

姐姐点点头，什么都没说。我的心像被刀子拉了道口子一样难受。

03

我上大二的时候大姐跟瘸哥结婚，我没有赶回去参加他们的婚礼，其实我上学的城市离家并不远，可是我觉得我无法面对这场婚礼。后来的两年，假期里我都没有回家，我跟大姐解释说我要留在大学所在的城市勤工俭学。勤工俭学是真的，但更真实的原因是我觉得大姐结婚了，她成了瘸哥的妻子，我们原来的那个家，已经不存在了。

大学毕业后，我在大学所在的城市找了工作，没有回老家的城市。工作后我很少回家，大姐再像以前那样给我寄生活费的时候，我就给她邮寄回去，顺便附上我的一些收入。

一个冬日，大姐打电话打到我的单位来，嘱咐我务必要回家一趟，她说小杰要结婚了。

我向单位请了几天假，坐火车回家。我没有打电话告诉大姐我何时回去，下了火车，打车到了我家住的那条街的附近，我就拎着行李往回走。离家这些年，这座城市有了些变化，原来的很多旧房子都拆了，路边出现了以前没有的商店饭店。不过也有一些东西还保持着老样子，比如原来的市场还在，一些旧摊点还有，我们老街上的那些旧平房也都还在。路过卖果蔬杂粮的市场，远远就听到有吵闹的声音。我不禁驻足，几丈外有个城管在执法，城管把一个小摊的东西强行往车上放，那摊贩一边喊着一边过来撕扯城管，撒泼打诨，不让城管把东西拉走。周围有几个人围观，但是没有人上来劝阻，这种事儿也没办法劝阻。我的目光落到摊贩身上，那是个女人，穿着一件半旧的棉外套，头发随便扎在脑后，有几绺散落在被冷风吹得发紫的面颊上。她带着哭腔喊着什么，去跟城管争夺一杆秤，夺不回来，就坐在地上哭天抢地起来。我望着她，心忽然被针扎了一下，陡然痛了起来，那个正在哭喊的女人，是我的大姐。

我的脚步停在原地，半晌，我转身逃也似的离开。

我绕了一条街回家。老家的大门在风雨的侵蚀下已经破旧不堪，不过院子里还算干净，看来经常有人过来打扫。我从窗台上的一块砖头下拿到压着的钥匙，我用那钥匙打开屋门，久已不回来，房子里还是老样子，我把东西放下，眼泪忽地涌出眼眶。

我在屋子里待了没多久，大门响，大姐回来了。她脸上的泪痕刚刚被风吹干，衣服上还沾着很多土，她看到我，先是嘴唇哆嗦了一下，然后才叫出我的名字：“小颜，你回来了。”我忍着泪点点头，我的大姐，才刚刚三十岁，但是看上去已经是一个有些苍老的妇人。

大姐走上来攥住我的手，她的手掌很粗糙，手背上有冻疮，她的表情有些激动：“你来家也不说一声，我去接你。这房子好久不住了，冷，你跟我去我现在住的地儿。”

大姐拉着我，来到她现在的家，一套六十几平方米的旧楼房，是当年瘸哥的母亲单位分的房子。大姐拉我坐下：“你一定饿了，想吃什么，大姐给你做……家里菜不多了，你要吃什么，我出去买。”她絮絮叨叨地说着，那样子让我想起母亲活着的时候。

“就吃碗热汤面吧，好久没吃到你煮的面了。”我说。大姐立刻去做，汤面很快做出来了，卧了一个鸡蛋，放了香油，还放了几根绿油油的青菜，我稀里呼噜吃着，身上很快暖和起来。

我吃完，抬头看大姐，才发现她正不眨眼地看着我，见我看她，目光中竟带了不好意思，低了头问我道：“小颜，这些年在外头，吃了不少苦吧？”

这些年在外头，我也吃了些苦，可是再怎么样，也苦不过大姐，想起刚才那一幕，我的眼睛差点湿润起来。

我问大姐近况如何，大姐告诉我，印刷厂去年倒闭了，她现在在路边摆摊卖东西，生意还行。现在美容美发店如雨后春笋一样开起来，瘸哥那个理发店的生意越来越不好做了，不过糊口没有问题。大姐的话语轻描淡写，但我知道这里面包含了多少无奈和辛苦。

大姐跟我说起小杰的婚事，她说这些年一直攒着钱给小杰办婚事，如今小杰找了对象，别的都没问题了，人家唯一不满意的是我们的那套老房子，女方要求住楼房。大姐跟我说，她跟瘸哥已经商量好了，他们搬到老房子住，把这套楼房腾出来给小杰夫妻俩住。

“这怎么可以？”我立即反对。

大姐却说：“这没什么不可以的，那老房子收拾收拾挺好的，比楼房宽敞，我就喜欢住咱们家的老房子呢。”

我一时无语，在大姐心里，只要我和小杰开开心心的，比什么都好。

小杰结婚后第二天我就离开了老家，大姐送我到车站，拉着我的手说：“早点找个对象成个家，这些年你寄给姐的钱姐都给你攒着呢，到时候姐给你置办嫁妆。”

我忍着泪说：“现在不流行什么嫁妆了，再说我有钱。姐，那点钱你想买点什么就买点什么吧。”她还想着我的嫁妆，可是她结婚的时候，一分钱的嫁妆也没有。

要进站了，大姐站在风中冲我挥手，她的头发被风吹得有些蓬乱，我转过身去快步走，不敢再回头看她。

04

又过了几年的一个冬天，男朋友向我求婚，我跟他说：

“跟我回家一趟吧，结婚的话，得我姐同意。”男友有些诧异地看了我一眼，然后点了点头。其实我也诧异我自己会忽然冒出这么一句话，可是就在刚刚，面临人生重大的抉择时，我的脑海中刹那间想到了我姐。

我领着男友走进我当年生活的大街，这条街这次变化很大，有些房子已经拆掉，没有拆的也标上了拆迁的标志，在一片断壁残垣中，我们一步步走向我的家。

推开院门，一股面香扑鼻而来，大姐在厨房忙着做面。我们走到厨房门口，大姐正巧出来，看看我，又看看我身边的男友，表情激动起来：“回来了，回来了！嗯，一会儿准备吃面，知道你们要回来了，我早回家煮了面条，出门饺子回家面，咱们吃面。”

大姐的汤面做得真香，暖心暖肺的。那顿饭，男友吃了两碗面，大姐很开心，悄悄地跟我说，这个男人不错，看上去斯文，人又实在，我跟他结婚，她就放心了。

大姐还跟我说，我们家老房子要拆迁了，小杰前阵子来跟她商量，要把房子换回来。“凭什么，当初要住楼房的是他们，现在老房子要拆迁换新楼房了，他们又要要回去，这算怎么回事儿。”我为大姐抱不平，为什么吃苦的总是她。

大姐笑笑说：“我原本也没打算要这房子，小杰是我们家唯一的男孩，要是你不打算跟他分房产，这房子就归他了。”

我当然不打算要房产，可是我觉得大姐这些年太委屈了，大姐拍拍我的胳膊："你和小杰过得好，大姐比什么都开心。"

我走的时候，大姐给我一个信封，里面是这些年我寄给她的钱，我说什么也不要，大姐把信封硬塞进我怀里："姐没法给你更多，这些，你买点结婚用的东西。以后有了难事儿，回来找姐。"

"姐，你有什么心愿没有？"临走，我问大姐。如果大姐说想旅游，我马上就请假带她去，如果她想要什么东西，我立刻就给她买。这些年大姐太苦了，她总是想着我们，从来没想过自己需要什么。

可是大姐只是拉着我的手说："大姐就希望你经常回来。"

我含着泪点了点头。

站台上，大姐对我挥手，她脖子上系着的，是我上次回来给她买的紫色围巾，那围巾和大姐的发丝一起被风吹起，让大姐整个身影都显得有些苍凉。

05

三十岁这年我遇到了一些坎坷，工作遇到了不小的麻烦，婚姻也遇到危机，我整个人都抑郁了，心灰意冷，觉得生活没有意思，甚至几度产生过轻生的念头。

在一个寒冷的早晨，我走在空旷的街头，不知道该去哪里。不知道走了多久，我忽然发现我走的是去火车站的路，于是，循着内心的选择，我去车站买了张回老家的票。

下了车，我直奔大姐开的面馆，在面馆门口，我看到大姐，她正从一辆车上往下搬白菜。大姐看到我，又惊又喜，放下白菜，在围裙上擦擦手，跑过来拉着我的手。

我一下子泪流满面。

“怎么了，小颜？”大姐吓坏了，一个劲儿问我。

“没事儿，姐，我就是想你了，想吃你做的热汤面。”我说。

大姐立刻把我拉到店里，去给我煮面。

那碗面热乎乎的，卧了荷包蛋，放了香油，还有一小把绿油油的菜，这味道，真熟悉，这温暖，不但让我的胃熨帖，让我整个人都不再寒冷。

我吃面的时候，大姐一直表情忧虑地看着我，等我吃完了，她才问我：“小颜，遇到难事儿了吧？跟姐说，姐给你做主。”

刹那间，我仿佛看到了当年那个拿着柳条杆子送我们上学的大姐，那个拿着菜刀保护我们的大姐。

我摇摇头，我不用大姐跟我一起去解决，吃了大姐的热汤面，我又有力气了，我能解决自己的难事儿。

大姐对我说：“小颜，要是在外面过得不开心，就回家来，大姐现在有这家面馆，能养活你。”

我点点头。我现在才知道，大姐对于我多么重要，即便她成为一个历尽沧桑的平庸妇人，她依然是我的保护神。

这世界，即使所有的人都抛弃我，我的大姐也不会。有我姐疼我，我就有力量好好活着。

爱情保鲜膜

/吴惠子

杨眉在油麻地宁波街的巴士站等了一个小时，十字路口的红绿灯紧促刺耳的声音，野蛮地驱赶行人以最快的速度去对面。她紧盯着每一辆从屯门方向开过来的 60X 路巴士落客又上客，却始终没看见阿良，变得很失望。

尤蜜说：“妈，我们再等十分钟，路窄人多灯太闪，眼睛快炸了。”

杨眉不接话茬，慢悠悠地翻出打火机，要点烟。尤蜜从卷闸门边上嗖地站起来冲过去就要制止她，紧张兮兮地说：

“喂喂喂，别抽别抽，抓到罚五千呢。”

杨眉刚才还不怎么说话，这会儿反而来劲了。

“大陆妹，懂个屁，偏抽，抓我试试。”说完吐出一口浓烟。站台等车的几位疑似烟民羡煞，也纷纷把手插进兜里蠢蠢欲动。

胡闹，粗鲁，大陆妹？

尤蜜刚要顶嘴，转念一想，如果今天阿良始终不出现，那就意味着妈妈的黄昏恋会就此断送在人头攒动的油麻地街头，所以抽就抽吧，然后自己默默地退回卷闸门边上，远远地帮杨眉放哨，时刻准备着，在控烟署的巡视员出现之前跑过去掐灭她妈手上耀眼的烟头。

烟头耀眼，五十岁的杨眉及腰的金色鬈发更耀眼。

尤蜜又下意识地往远处退了几步，心里实在觉得惊险。

尤蜜心中的香港很大，全在小时候看过的电影里，一帮马仔从潮湿狭窄的街道冲过去，另一帮马仔从潮湿狭窄的街道杀过来，挥刀互砍，赤手肉搏，大佬脸上有疤，总能以一敌十，不论流血还是断臂，就算全军覆没，也一定能在枪声响起来的时候爬起来，钻进路边还没停稳的黑色轿车。

开车的女人从天而降，生在重情重义的江湖外，活在天真烂漫的人世间，平日再不敢杀鸡，此刻也能眼睛不眨地从血淋淋的前胸后背抠出半盘子弹。这样的女人奋不顾身，她们黑白通吃的爱情观像一道防火墙，可以将杀戮过滤为热血，将迷途解码为青春。还时不时往大佬们血雨腥风的生命里扔一颗无法撤销的病毒包，瞬间占领他们迫不及待想要报仇的勇敢的心。

现在的铜锣湾看不到古惑仔，满眼都是穿着吊脚裤和尼龙袜子的清瘦男青年和背着书包的靓丽女学生。在鲜肉遍地的香港岛，大陆妹气息十足的尤蜜恍恍惚惚，依然盼望下一秒能遇到砍完人出来吃消夜的洪兴帮，意气风发的陈浩南会在拐角的路灯下，沉默地燃一支烟，却只抽几口，及肩的长发轻掩右脸，人潮人海中远远望去，简直劲到爆。

但此刻你再问起香港边个劲到爆的时候，街坊们会啧啧地竖起大拇指，掷地有声地告诉你：边个（粤语，译为：谁）劲到爆，必属巴士佬！

香港人口密集，很多地方都道路狭窄，崎岖蜿蜒。近些年大兴土木更甚，经常马路的左边是掘地百尺的地基，右边栏杆外就是惊涛骇浪的大海，往远处望，发现马路修在半山腰，上下坡陡峭，乘巴士如同坐过山车，大家都要随时做好一切准备，扶稳坐好不敢有脾气。

阿良就是地道的香港巴士佬，他刚入行的时候在荃湾开小巴，八十迈高速拐弯是家常便饭，有的乘客虽然日日乘车，但也经受不了突然双脚离地半尺的凶险，整个人飞到空中又落回座椅，五脏六腑久久不能平息。只有阿良，气定神闲撩开额前凌乱的头发，露出风云岁月里庙街猛虎的神韵，眼神劲到爆。

有一回，他七十岁的老妈搭他的顺风车，岂料阿良开车兴起，一时忘形，拐弯的时候突然一脚油门，因为马力太足，扭矩太大，老太太整个人飞起来，从座位的左边甩到了右边。这套高难度动作一气呵成，老太太脸色煞白，提高嗓门，大声呵斥：

“黐线（粤语，译作神经病，二百五）！有落（粤语，译作老娘要下车）！”

阿良吓了一大跳，猛踩刹车，老太太的脸又因为惯性狠狠砸向了前排的靠背。阿良的老妈气得直抖，怒气冲冲摔了车门，留下阿良许久才反应过来。

第二个礼拜，阿良就被勒令换了巴士线路，告别了香港小巴的飞车惊魂，踏上了稍稍平稳的双层巴士，那么重的车，想让它飞起来，难度还是很大。因为技术过硬，零事故的好记录，阿良塞翁失马，当上了60X的巴士车长，每天从屯门开到佐敦，会经过油麻地宁波街。

杨眉在站台前等了很久，一辆辆60X走走停停，阿良却没有出现。

她掐灭烟头扔进垃圾桶，一边招呼出了神的尤蜜。

“走吧，不等了。“

“要不再等等吧，都等这么久了。”尤蜜隐约觉得妈妈可能真的要失恋，担心她步入老年的时候为情所伤，又稍稍迟疑了。

杨眉不接话茬，径直往回走。从背后看，无论如何也看不出来眼前这个金发飘飘的女人，已经快五十岁了。

“妈，走，送你支口红。”

有人说，不想道路狭窄难行，反要爬山过岭。可是那些断章取义的心灵鸡汤坑害了太多的人，你以为世界上本没有路，走的人多了就会有路，没想到狭窄的道路上，走的人越多，路竟变得越窄。就像香港这样的弹丸之地，楼宇密密麻麻层叠交错，天空被整整齐齐切割成规矩的四边形，你从油麻地逃回尖沙咀，人更多，路更窄，大楼耸立，咄咄逼人。大家心里都像憋着一团火，若不是和平年代，真的会有洪兴邦的马仔动辄冲到街上去砍人。

信不信?

“尤蜜，如果我是你的老板就把你开了，走路那么慢，平时你上班怎么办。”

被男朋友放了鸽子的杨眉说话扎人，话怎么难听怎么说。尤蜜却不往心里去，她知道女人失恋了都一样，任何年纪都不能免俗，妈妈是美人，更不能例外。

她赶紧追了上去，挽住杨眉的胳膊。

真好看。

尤蜜看着杨眉的侧脸，年过半百竟仍然风韵犹存，苗条紧致的身材，踩着高跟鞋逛街婀娜妩媚，让人不服不行。眼前的香港真的很小，地图上看起来很远的地方，走几步就到。沿着弥敦道一直走，就能回到海港城，楼后的空地上，年轻人一簇一簇围着垃圾箱，热情洋溢，似人间烟火。

尤蜜买了一支玫红色的口红送给即将失恋的杨眉。

香港华灯初上，如梦一场。

杨眉在洗手间涂上了新口红，拉着尤蜜去吃饭。

“吃啥啊妈？”

“跟我走！钱够吗？你请客。”

“又是我？”尤蜜赶紧捂住自己的包。

“我失恋……”

“请请请。”还没等妈妈继续往后说，尤蜜赶紧答应。

杨眉带着尤蜜走到了重庆大厦，尤蜜站在外面不愿意进去。

“妈，我不想吃火锅，在家天天吃，都到香港了，换一个吧？”

“你怎么这么土！”杨眉掏出一张会员卡递给尤蜜，上面赫然写着：咖喱王。

“哦哦哦，贵不贵？”

“贵就把你卖了。”杨眉很认真地说。

重庆大厦的楼道比香港的街道更加逼仄，五花八门的纸箱随处可见，阴暗嘈杂，人来人往。尤蜜下意识地抓紧杨眉的胳膊，小声地说：

“杨眉你不是真的要把我卖了吧，你再好好想想……”

尤蜜经常这样没大没小，有时候叫眉姐，有时候甚至直呼其名，比如此刻。杨眉金色的长发和噔噔噔的高跟鞋真的太招眼了，每走十步就迎面走来几个身躯庞大的黑人，陌生人的目光无不例外停在杨眉鲜艳的嘴唇上，让身边的尤蜜浑身不自在。

“要卖你还用等到现在吗？”杨眉淡定地看了一眼尤蜜，幽幽地补了一句，

“看你现在恐怕也不好卖吧……”

“妈，你洋气又漂亮，你好卖你好卖。”

“那当然，你妈我现在走到哪，别人都不相信我有你这么大的女儿。”杨眉得了便宜马上开始卖乖，听到女儿夸自己，杨眉美滋滋的乐开了花。

尤蜜看到妈妈终于喜笑颜开，也长长舒了一口气。浓香辛辣的咖喱味儿飘在空中，一扫刚才油麻地街边的阴霾，两个人胃口大开，饿意随之席卷而来。

尤蜜小时候，险些被卖了。

杨眉遇到长谷川志的时候二十一岁，是纺织厂的质检员，下班路上骑着一辆老凤凰迎面撞上了长谷川志的南京小金娃。杨眉连人带车翻到了路旁的土堆里，摔了个狗吃屎，长谷川志的三轮车撅起一个大斜角，风干的虾米和咸鱼撒了一地。长谷川志吓得半死，哆哆嗦嗦去土堆里拉杨眉。

“投胎啊？”杨眉好半天才缓过神来，乜斜着眼前胡子拉碴的老男人恶狠狠地说。

长谷川志不停地鞠躬，欲言又止，他一把拽住杨眉的手，不料刚用力，杨眉就哇哇直叫。

“瞎啊？”杨眉撸起袖子，胳膊又红又肿，动弹不得。长谷川志见状，眼泪都快出来了，憋得脸一直红到脖子根。

长谷川志拦腰抱起杨眉，放上三轮车，又抱起严重变形的自行车，放上三轮车，风驰电掣般开到了卫生所。

细皮嫩肉的杨眉像铁打的战士，除了胳膊骨折，其他地方完好无损，医生给她打了厚厚的石膏，长谷川志从兜里掏出半截铅笔在石膏上画了一个鞠躬的小人儿。

杨眉破涕为笑，这才发现眼前这个慌慌张张的男人从头到尾竟然一句话也没说，只见他坐在病床边满脸歉意。

“你是哑巴不会说话？”杨眉突然提高音量试探着问，可长谷川志刚开口，杨眉就从床上一跃而起，翻起来捂住了他的嘴。

小日本，小日本，完了完了完了。杨眉在心里默默地念了几百遍。

长谷川志比杨眉大整整十岁，算是当时最早一批到中国画漫画的日本人，但是当时国内能读懂二次元里的浪漫的人，真的寥寥无几，他在异乡遇到了自己的第一个知己，并用自己神笔马良般的超群技艺和想象力，一举将杨眉变成了自己的忠实粉丝。一来二去，杨眉也对这个笑容灿烂的日本人产生了一丝丝好感，早已厌倦了纺织厂枯燥工作的她，好像发现了平淡人生版图里的新大陆。

长谷川志在市中心有一家海鲜店，其实就是卖干货，生意时好时坏，杨眉时常背着父母偷偷跟着他去拉货，丝毫不在乎别人奇怪的目光。城市不大，人多嘴杂，杨眉的爸爸知道后，气急败坏地拖出放在床底下的气枪跑到海鲜店里找长谷川志算账，扬言新账旧账一起算，警告他再敢接近杨眉半步，就像打野麂子一样一枪崩了他。这件事闹了半条街，民警来了才作罢。

父亲的当头一棒让杨眉如梦初醒，原本以为自己只是图个新鲜，没想到竟然不止是这样。杨眉被辞去了纺织厂的工作，被父亲关在家里整整一个月，坚实的墙壁挡住了她的双腿，却挡不住爱情来临时的洪水猛兽，它鼓励杨眉不吃不喝奋力反抗，将她心中的大小顾忌远远抛在了脑后。

女人总是心软，杨眉的母亲既同意丈夫的坚持，又心疼自己的女儿，她让杨眉的大姐、三妹、四弟三番五次来劝杨眉，但她，谁的话都听不进去。杨眉告诉姊妹几个人，如果自己走了，要替自己好好照顾父母，一向沉默寡言的大姐二话不说狠狠给了杨眉一巴掌。

杨眉瘦得眼窝深陷，有一天早晨她醒来，发现家里竟然没人，桌上放着几个馒头和一小盘咸菜，大门半掩，她急红了眼，抓起一个馒头夺门而出。

边哭边跑，边跑边吃，边吃边回头。

重庆大厦有770个单元，酒香不怕巷子深，这里的咖喱王口碑风靡海峡两岸和香港，老板是印度人，特式香料鸡外焦里嫩，让人唇齿留香。杨眉津津有味地嚼着鸡肉，一边略显诧异地问尤蜜：

“你怎么会不知道重庆大厦！加州旅馆你知道吗？”

“加州哪个旅馆？”尤蜜从盘子里抬起头，一片迷茫。

杨眉咂咂嘴，接着问：“那梁朝伟你总算知道吧？”“嗯，认识。怎么了？”

“《重庆森林》是一部电影，就在这个楼里拍的，梁朝伟演了一个失恋的警察。”

提到失恋，尤蜜精神立刻变得紧张，马上转移话题。

“妈，这么好吃的小馆子，你怎么发现的？”

“阿良带我来的。”

尤蜜顿了顿，“噢，还真挺好吃的。”说完她低下头，把脸重新埋进盘子里，用咖喱堵住了自己的嘴，心想自己可真蠢，竟然问了这么显而易见的问题，于是在心里打了自己好几个巴掌。

杨眉和长谷川志的灵魂一步三踉跄地跌进了彼此的命运，又缠缠绕绕着一步三踉跄奔出了杨眉熟悉厌倦又不舍的故乡。两个人私奔到南方水灵灵的小镇，那里夏天绿树成荫，冬天候鸟成群，清晨阳光升起，渔船带着湿漉漉的海藻味驶回港口，傍晚夕阳落下，出海的渔船又满载期待地驶向远方。

长谷川志在海上漂的时间久了，皮肤晒得黝黑，他又买了一辆南京小金娃的三轮车，依旧奔波在街头送货，亮晶晶的虾米活蹦乱跳，软绵绵的鱿鱼张牙舞爪。杨眉和长谷川志就这样扎下了根，尤蜜是他们爱情大树上最甜的果实。

鲜嫩美好，犹如蜜糖。

埋单。杨眉示意老板。

尤蜜自觉地往外掏钱包，但动作不如杨眉快。

“妈，你不是让我买吗？”

“我又不是只给你买了这一顿。你看看你的包，你的衣服鞋子和手机，还有你的脸，长得多好看啊。”

尤蜜正在心里偷着乐，杨眉却接着说：

“今天不回去了，我带你去澳门见见市面，船票你买。”

……尤蜜有点出神，假装没听清杨眉跟她说的话。

“妈，那我长得像你还是像我爸？”

杨眉仔细瞧了一眼尤蜜：“你还真是越长越像你爸了。”

海边的气候须臾多变，前一秒晴空万里，后一秒电闪雷鸣。

尤蜜满月那天，长谷川志就躺在雪白破旧的病房里。

他紧闭双眼，呼吸微弱，皮肤出现了不同程度的瘀紫，浑身浮肿。医生来下病危通知书，让家属签字，杨眉刚要签，却被医生拦住了，说没领结婚证就不能证明是合法夫妻，不能签。杨眉抱来尤蜜，恳求医生救救孩子的爸爸。医生也只好说了实话：

“妹妹啊，字你可以签。但是人我们只能尽力，这样的病我们听都没听过。”

病房外，台风刚过，阳光灿烂。

杨眉抱着尤蜜坐在床前号啕大哭，小小的尤蜜在妈妈怀里睡得香甜，全然不知一场离别就在眼前。医生嘴里提到的罕见病，全名叫灾难性抗磷脂综合征。在那个年代，全国只有很少的医生能说出这个名字，治愈的可能性在当时的之后二十年也几乎为零。隔壁床的病人家属和值班的护士，看着杨眉和尤蜜，摇头的摇头，叹气的叹气。

长谷川志因为发生大面积的血管栓塞，导致多项器官快速衰竭，好端端的人说没就没了。炎热的仲夏，家门口三轮车里的虾米和鱿鱼，在阳光下腐烂发臭。长谷川志在日本没有家人，他留下了一些存款，几支画笔，一摞越来越多的人开始看得懂的漫画和一辆三轮车，留下了杨眉和嗷嗷待哺的尤蜜，撒手人间。

杨眉把孩子托付给邻居，乘着清晨的渔船，把长谷川志的骨灰连同记忆都撒进了大海，火红的太阳跳出地平线，深蓝的海水波光粼粼，风平浪静。在它广袤辽阔的内心深处，色彩斑斓的鱼儿成群结队，在珊瑚间嬉戏。

也许这才是生命真正的恩赐，让美好的食物会腐烂，温暖的爱人会失去。

等你再拥有的时候，才会觉得弥足珍贵。

处理完长谷川志的后事，杨眉带着尤蜜回了老家，几年不见，父母都老了许多，大姐见着妹妹回来，高兴得张罗了一大桌子菜。

杨眉没结婚，跟着一个比她大十岁的日本人跑了几年，回来还带着一个没断奶的孩子，邻居们都在背地里议论纷纷。杨眉的父亲要面子，脸上挂不住，家里人商量，杨眉年纪轻，条件不错，还能重新开始，但是拖着个孩子，许多事情都不方便，于是暗地里托人打听有没有人能收养。

一直到接孩子的夫妻登门拜访，杨眉才知道真相，她拼命也不肯，父亲气得犯了高血压，站在门口晃晃悠悠，随时都要倒。父亲也是犟脾气，以死相逼，说杨眉如果不答应，就带着她和孩子一起去死，杨眉的母亲哭着求她：

“眉啊，你自己一个人怎么把孩子带大，听妈的话，就当妈求你了。”

尤蜜在襁褓里撕心裂肺地哭，哭声像爪子挠着杨眉的心，她把怀里的孩子递给父亲，转身回了房间，三天没出门，不吃不喝也不睡，就那么坐在床边。

第四天，她找到父亲。

“爸，拿出来。”

“拿什么？”

“钱。”

“什么钱？”

“拿出来。”杨眉一字一顿，双眼通红。

母亲在一旁拉着杨眉的袖子，生怕她扑上去吃了她爹。

“拿出来。”杨眉又说了一遍。

父亲转身到柜子里翻出一个信封，里面装着3000元。

那时候，3000元是很大一笔钱。

杨眉接回尤蜜，收拾东西决定离开家，家里人谁也没劝她，大家心里都知道，杨眉不是能劝得动的人。她走的前一天，父亲整晚都没合眼，天快亮的时候，掏出一张存折递给杨眉的母亲。

“你去，让她都拿着，走得越远越好。”

杨眉的父亲当过兵，身上有伤疤，不曾流过泪，说完这句话，也哭了。

吃完饭杨眉拿出小镜子，认认真真重新涂上口红。

尤蜜擦擦嘴，看着杨眉说：

“妈，我爸和梁朝伟比，谁更帅？”

杨眉接过找零数了数，思索片刻告诉尤蜜：

“还是梁朝伟。”

印度咖喱吃的时候很香，残羹冷炙看起来就不那么好味了。

刚走出重庆大厦，阿良就打来了电话。杨眉想都没想就摁掉了。她拦下一辆计程车，告诉司机到上环，去码头。

尤蜜有点不习惯，香港的计程车，司机在右手边，车内十分整洁宽敞。马路虽然狭窄，车辆行人来来往往，却很有秩序，不怎么堵车。但杨眉的电话一直响，听得尤蜜心里直发毛。

“杨眉你接电话！老响，要么就关了。”

尤蜜还没见过阿良，只知道他是妈妈的男朋友，这次专门来香港，就是作为妈妈委派的家属代表，准备见见这位传说中的巴士叔叔，哪知道阿良临阵脱逃，迟迟不肯出现，电话也打不通，惹得杨眉非常不高兴。

杨眉接起电话，说自己在船上，去澳门，不听解释，然后挂了电话。

香港夜色撩人，有一股神奇的魔力，就算再沮丧的人，也总能被它拨动心弦。

“妈，你一直没说，你和阿良怎么认识的啊？”

杨眉告诉她，就是有一次来香港，听别人说这里的小巴劲到爆，就专门坐了一次。结果司机拐弯玩漂移，整车人都离地半尺，左边座位上的老太太更夸张，整个人飞起来，落到了她的旁边，自己则被甩到了玻璃上，脑袋撞了一个大包，她刚要骂人，老太太却先掀了锅，骂骂咧咧下了车，下车后还一直骂。后来她才知道，开车的司机叫阿良，是荃湾有名的高速小霸王，那个被扔过来的老太太，是阿良的妈妈。

尤蜜张大了嘴：“不是不是，不是吧，这样的男人你也喜欢啊，他连自己的妈都下毒手。”

“不不不，阿良不是这样的人，他只不过是爱开车，一高兴就忘了自己的老妈也在车上，很有意思的一个人。”杨眉赶忙替他解释。

“你们打算结婚吗？”

“怎么可能，我二十岁都没结婚，五十岁了还有什么可结的。”

司机偏过头，从后视镜里看了一眼杨眉。

计程车路过湾仔码头，尤蜜自言自语：

“原来湾仔码头不只是水饺，真的有码头……”

杨眉在车上轻轻闭着眼睛，尤蜜知道她逛了一天，不可能不累。离得这么近再看妈妈，年轻貌美永不凋零的赞美也是自己今天晚上说过的话吗？

胡说。

眼前这个五十岁的女人，住过很多城市，谈过很多恋爱，热情洋溢地爱过很多人，没有结过婚，这么多年，只有一个相依为命的女儿，上大学后，也没留在自己身边，如今也已经快嫁人。但她却说自己终于可以拥抱自由，今天可以去澳门，明天就可以去日本。

眼前这个五十岁的女人，眼角分明就有皱纹，脸上的肉也已经下垂，腰上还有一圈明显的赘肉，她的手指不如去年圆润，睡着时的表情，也越来越像一个小孩。唯有那头定期会染的金色鬈发，让她看起来还很年轻。她坚持每天涂口红，坚决不让自己变胖，每次约会，她都要隆重地打扮自己，她说这不仅是为悦己者容。

在流动的生命里，我们都不能妄想永远年轻。

但我们可以去争取灵魂深处自由的爱情。

它们就像苍茫岁月里永不褪色的保鲜膜，包裹着我们强有力的心脏，让我们望着这条去往未来的路，越是黑暗，越去追寻。